Vorwort

Passen und Fangen sind zwei Grundtechniken im Handball, die im Training permanent trainiert und verbessert werden müssen. Die vorliegenden 60 praktischen Übungen bieten viele Varianten, um das Passen und Fangen anspruchsvoll und abwechslungsreich zu trainieren. Ein besonderer Fokus liegt dabei darauf, die Sicherheit beim Passen und Fangen auch in der Bewegung mit hoher Dynamik zu verbessern. Deshalb werden die Übungen mit immer neuen Laufwegen und spielnahen Bewegungen gekoppelt.

Die Übungen sind leicht verständlich in Text und Übungsbild erklärt und können in jedes Training direkt integriert werden. Durch verschiedene Schwierigkeitsgrade und Komplexitätsstufen kann für jede Altersstufe das Passen und Fangen passend gestaltet werden.

I0220846

Beispielgrafik:

Passen und Fangen mit Laufbewegung auf Kommando

1. Auflage (24.04.2015)
Verlag: DV Concept
Autoren: Jörg Madinger, Elke Lackner
ISBN: 978-3-95641-159-5

Inhalt:

Nr.	Name	Anzahl	Schwierigkeit	Seite
37	Passen und Fangen in der Bewegung mit Laufkoordination	8	★★	41
38	Passen und Fangen in der Laufbewegung	8	★★	42
39	Fortlaufendes Kreuz-Kontinuum	4	★★	43
40	Fortlaufendes Stoß-Kontinuum in zwei Gruppen	8	★★	44
41	Passen plus Laufübung 2	8	★★	45
42	Pass-Kontinuum mit Kreisläufer	10	★★	46
43	Passen in der Kreisbewegung	2	★★	47
44	Passfolge zu viert mit Sprintaufgabe	8	★★	48
45	Passfolge mit Wettkampf	8	★★	50
46	Passen und Fangen in der schnellen Seitwärtsbewegung	2	★★	51
47	Stoßen und Passen mit Zusatzlaufübung	10	★★	52
48	Passen mit Abwehrzusatzaufgabe	10	★★	53
49	Pass-/Laufkontinuum Stoßen mit Kontereinleitung	8	★★	54
50	Pass-/Laufkontinuum mit Gegengruppe	8	★★★	55
51	Pass-/Laufkontinuum im Viereck 2	8	★★★	56
52	Zweimaliges Stoßen hintereinander	7	★★★	57
53	Passkreisel im Dreieck	9	★★★	58
54	Passen plus Laufübung 3	12	★★★	59
55	Passen plus Laufübung 4	12	★★★	60
56	Passkontinuum mit Purzelbaum	8 (12)	★★★	61
57	Passkreisel im Dreieck mit Abwehrspieler	4	★★★	62
58	Passkontinuum im Angriff mit Kreuzbewegung RM / Außen plus Pässe für die Torhüter	12	★★★	63
59	Komplexe Passübung mit Stoßen- und Gegenstoßen	8	★★★	64
60	Passübung mit begleitender Abwehrarbeit gegen einen Einläufer	5	★★★	65

Über den Autor

Weitere Fachbücher des Verlags DV Concept

Legende:

Übungsnummer

Übungsname

Min. Spieleranzahl

Nr. 1	Pass-/Laufkontinuum im Fünfeck	10	⭐
Benötigt:	2 Bälle, 5 Hütchen für die Spielfeldmarkierung		

Schwierigkeitsgrad

Einfach: ⭐

Mittel: ⭐⭐

Schwer: ⭐⭐⭐

✗   Hütchen

    dünne Turnmatte

    Ballkiste

    kleine Turnkiste

    kleine umgedrehte Turnkiste

    Turnreifen

Nr. 1	Pass-/Laufkontinuum im Viereck 1	8	☆
Benötigt:	jede Position doppelt besetzen, 2 Bälle		

Ablauf:

- 1 spielt 2 den Ball in die Laufbewegung, 2 passt in den Lauf von 4 und dieser in den Lauf von 3, immer im Viereck herum.

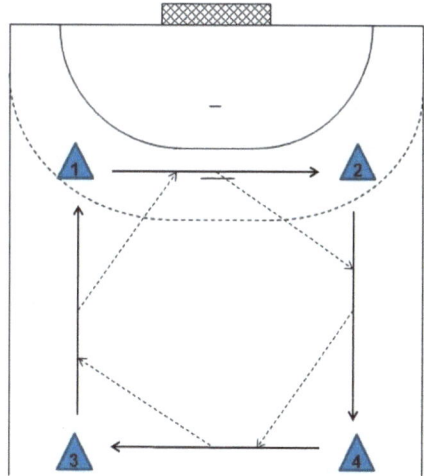

Variationen:

- Mit zwei Bällen 1 und 4 starten gleichzeitig mit dem Pass.
- Nach links/rechts passen und nachlaufen.
- Nach links passen, nach rechts laufen und umgekehrt.
- Nach links/rechts passen, diagonal laufen, in der Mitte hochspringen und mit dem Von-gegenüber-Kommenden abklatschen.
- Nach links/rechts passen, außen herum zwei Positionen (z.B. 1 auf 4) laufen und wieder anstellen.
- Sprungwurfpass.

⚠ "Fanghände" zeigen, damit es der Werfer einfacher hat.

⚠ Die Spieler sollen ansprinten, den Ball im vollen Lauf fangen und ohne zu prellen weiterspielen.

Nr. 2	Stoßen und Gegenstoßen zu Dritt	3	⭐
Benötigt:	1 Ball		

Ablauf:

- 1 stößt und spielt (A) dem entgegen stoßenden 2 in den Lauf (B).

- 2 dreht sich um 180°, macht 2-3 schnelle Schritte und passt (C) dem entgegenstoßenden 3 in den Lauf.

- 3 passt (D) in der Stoßbewegung wieder zu 1.

Variationen:

- Sprungwurfpass (D) von 3 zu 1.

⚠ Auf sauberes Stoßen und Gegenstoßen von 2 achten.

Nr. 3	Pass-/Laufkontinuum im Fünfeck / Dreieck	10 (6)	☆
Benötigt:	1-2 Bälle, 5 (3) Hütchen für die Spielfeldmarkierung		

Aufbau:
- Jede Position mit zwei Spielern besetzen.

Ablauf:
- Es wird immer eine Station ausgelassen: **1** passt zu **3**, **3** passt zu **5**, **5** passt zu **2** und **2** passt zu **4** usw.
- Es wird sich immer dort angestellt, wohin gepasst wurde, aber außen herum (**1** passt zu **3** und läuft um **2** herum (A), um sich bei **3** anzustellen).
- **3** passt zu **5** und läuft außen um **4** herum (B) und stellt sich bei **5** wieder an.

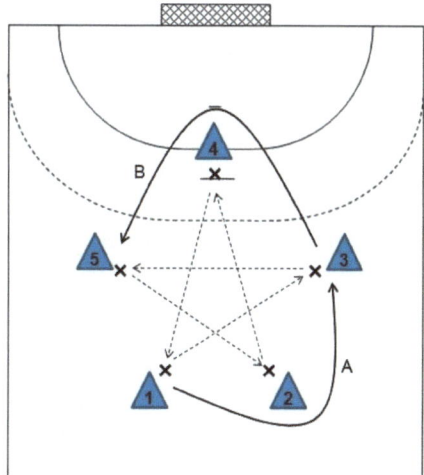

Variation:
- 2. Ball (**1** und **2** haben je einen Ball und fangen gleichzeitig mit dem Ablauf an).
- rechtsherum/linksherum laufen und passen.
- Ball rechtsherum spielen, linksherum laufen und umgekehrt (hohe Dynamik!).

Variante mit 6 Spielern:
- **2** spielt den Ball linksherum zu **1** (A) und läuft rechtsherum (B) auf die angespielte Position.
- **1** spielt den Ball linksherum zu **3** (C) und läuft rechtsherum (D) auf die angespielte Position.
- usw.

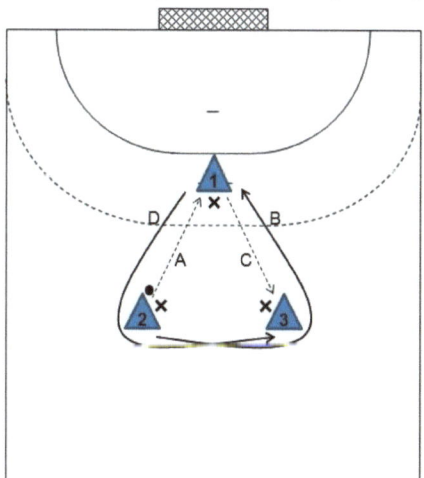

Variationen:
- Pass- und Laufrichtung ändern.
- Sofortiges Ändern der Pass-Laufrichtung auf Zuruf (schnelles Umdenken und sofort Umsetzen).

⚠ Die Spieler müssen beim Laufen darauf aufpassen, dass sie sich nicht gegenseitig behindern.

Nr. 4	Pass-/Laufkontinuum im Stern 1	8	★
Benötigt:	1 Ball, 8 Hütchen für die Startmarkierung (für die inneren Hütchen einen Kreis auf dem Hallenboden zur Orientierung suchen)		

Ablauf:

- 1 stößt und spielt den Ball zum anstoßenden 2 (A), dieser passt (B) zum anstoßenden 3, usw.
- Nach dem dynamischen Stoßen, lässt sich 1 schräg nach rechts rückwärts zurückfallen und stellt sich bei 2 wieder an. 2 bei 3 usw.

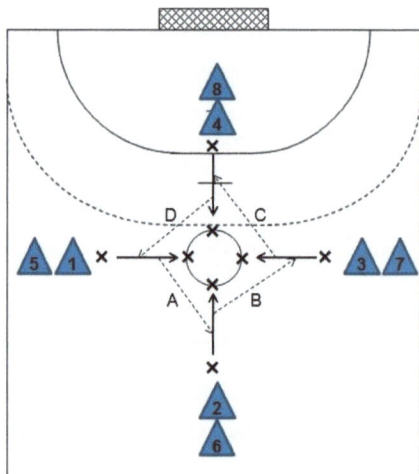

Variationen:

- 1 läuft nach dem Pass im Halbkreis außenherum zu 3 (gegenüber) und stellt sich dort an. 2 bei 4, 3 bei 1 und 4 bei 2.
- Ballweg nach links/rechts, Laufweg nach rechts/links entgegengesetzt.

Nr. 5	Pass-/Laufkontinuum im Stern 2	8	★
Benötigt:	1 Ball, 8 Hütchen für die Startmarkierung (für die inneren Hütchen einen Kreis auf dem Hallenboden zur Orientierung suchen)		

Ablauf:

- ▲1 stößt bis zum vorderen Hütchen und spielt (A) den Ball dem anstoßenden ▲3 zu, gleichzeitig stößt ▲2 zum vorderen Hütchen und spielt (B) den Ball dem anstoßenden ▲4 zu.
- Nachdem ▲1 gepasst hat, lässt er sich schnell rückwärts nach rechts zurück fallen und stellt sich bei ▲2 wieder an. ▲2 bei ▲3 usw.

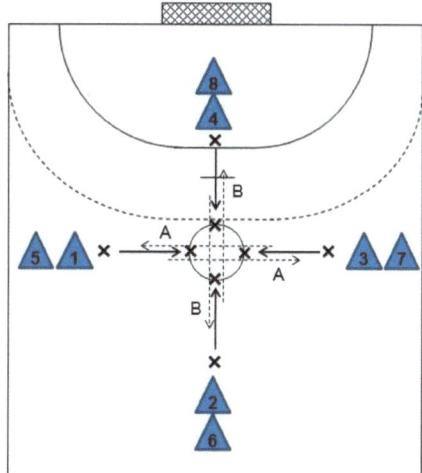

Variationen:

- ▲1 läuft nach dem Pass im Halbkreis außenherum zu ▲3 (gegenüber) und stellt sich dort an. ▲2 bei ▲4, ▲3 bei ▲1 und ▲4 bei ▲2.
- Die Spieler gehen soweit zurück, dass bis zum hinteren Hütchen gestoßen werden kann und der Ball von da aus in die Gegengruppe gespielt werden kann -> längerer Passweg.

Nr. 6	Passkontinuum zu viert	4	★
Benötigt:	2 Bälle		

Ablauf:

- 1 stößt nach vorne und passt zu 4, 4 zu 2, 2 passt mit einer leichten Seitwärtsbewegung wieder zu 1.

- 3, 4 und 2 machen den gleichen Ablauf etwas zeitverzögert auf der anderen Seite.

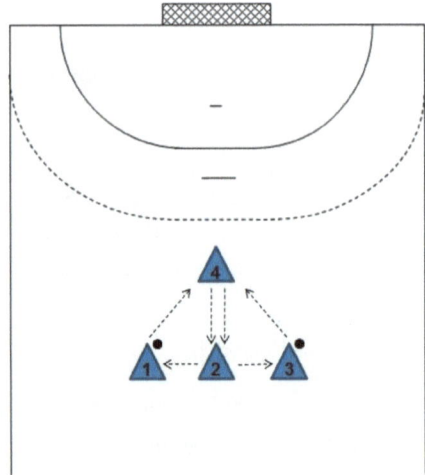

Zerlegter Ablauf:

- 1, 2 und 4 spielen sich den Ball zu (A – B – C), dabei macht 4 einen schnellen Pass zu 2, der macht einen Seitpass mit der linken Hand (mit Bewegung zur Seite) zu 1. 1 stößt und passt in der Stoßbewegung zu 4 und zieht sich danach wieder zurück.

- Wenn 2 den Pass zu 1 macht, erfolgt der Pass (2. Bild) von 3 zu 4 und der Ablauf erfolgt wie oben beschrieben ebenfalls auf der rechten Seite.

- 4 und 2 müssen sehr schnell agieren, 1 und 3 bestimmen dabei das Tempo durch ihre Passgeschwindigkeit.

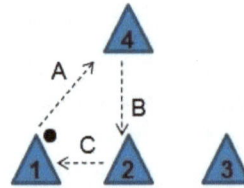

Zerlegter Ablauf links

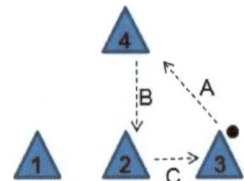

Zerlegter Ablauf rechts

Variationen

- Geschwindigkeit steigern.
- Nur Bodenpässe.

Nr. 7	Pass-/Laufkontinuum vor und zurück	8	⭐
Benötigt:	2 Bälle, 8 Hütchen für die Spielfeldmarkierung		

Ablauf:

- ▲1 stößt (A) und spielt den Ball zu ▲2, danach geht ▲1 seitlich rechts aus dem Passweg, umläuft rückwärts das hintere Hütchen (B) und stellt sich hinter ▲3 wieder an.

- Die andere Gruppe (▲5 und ▲6) führt parallel den gleichen Ablauf durch.

⚠ Langsam starten, dann die Geschwindigkeit immer mehr steigern.

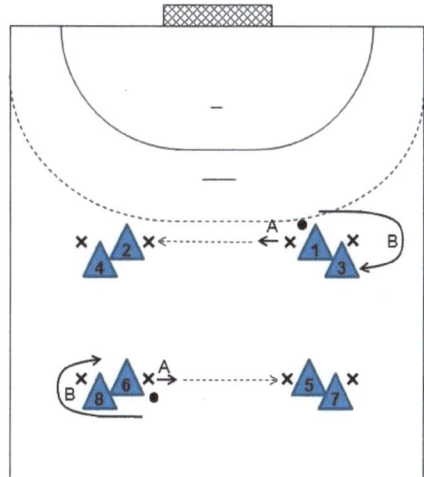

⚠ Die Spieler sollen den Ball im vollen Lauf annehmen und daraus auch wieder in die Gegengruppe passen. Eventuell muss der Anlaufzeitpunkt später erfolgen, damit die Spieler nicht zu weit laufen (Pass soll auf Höhe des vorderen Hütchens erfolgen).

Variation:

- Nach dem Pass wird das Hütchen umlaufen (C) und sich an die andere Gruppe wieder angestellt (D).

- Die andere Gruppe (▲5 und ▲6) führt parallel den gleichen Ablauf aus. Hier ist es jetzt wichtig, dass die Passfolge relativ gleichzeitig erfolgt.

⚠ Höhere Intensität, da größerer Laufweg. Es muss aufgepasst werden, dass man beim Laufen nicht der anderen Gruppe in die Quere kommt.

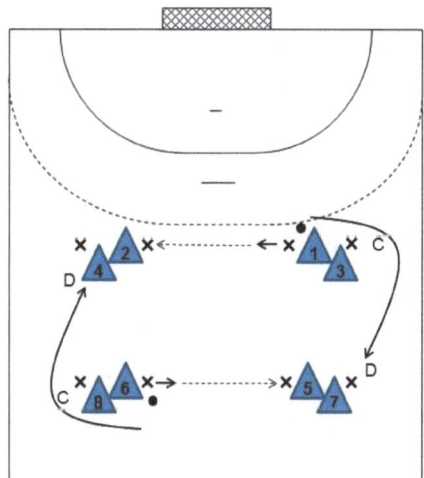

Nr. 8	Pass-/Laufkontinuum übers ganze Feld 1	10	☆
Benötigt:	1 Ball, Reservebälle liegen in den Toren		

Ablauf:

- Ein Torhüter (1 und 4) in jedes Tor, Feldspieler verteilen sich gleichmäßig (2, 3, 5, 6), dabei jede Position min. doppelt besetzen.
- Torhüter 1 spielt 2 in den Lauf, dann startet 3 und bekommt den Ball ebenfalls in den Lauf, Pass zum Torhüter 4. Dieser spielt 5 in den Lauf, dann passt 5 6 in den Lauf und zum Schluss 6 wieder zum Torhüter 1.
- Die Feldspieler stellen sich wie folgt an: 2 bei 3, 3 bei 5, 5 bei 6 und 6 bei 2, die Torhüter bleiben.

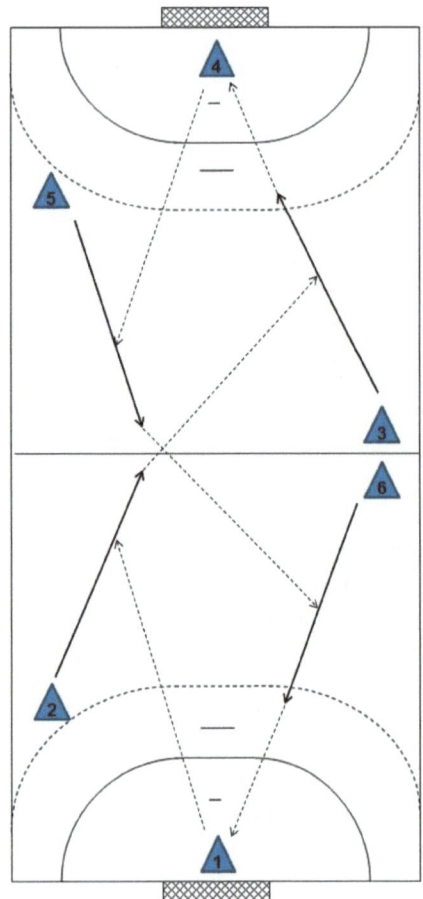

⚠ Den Ball in der Bewegung annehmen und ohne Prellen in der Bewegung wieder passen.

⚠ "Fanghände" zeigen, damit der Werfer es einfacher hat.

⚠ Geht ein Ball verloren, bringen die Torhüter sofort einen neuen Ball ins Spiel.

⚠ Laufwege immer in Richtung Tor.

Variationen:
- Ansprinten, Ball fangen, passen.
- Nur um Sprungwurf passen.
- Tempo steigern.

Nr. 9	Ankreuzkontinuum LA, RL, RR, RA	8	★
Benötigt:	1 Ball, jede Position doppelt besetzen		

Aufbau:

- Alle vier Positionen min. doppelt besetzen.

Ablauf:

- RR ▲4 kreuzt (A) mit RA ▲5.
- RA ▲5 macht Druck Richtung Tor und passt (B) zu RL ▲2.
- RL ▲2 kreuzt (C) mit LA ▲1.
- LA ▲1 macht Druck Richtung Tor und passt (D) zu RR (jetzt ▲5).
- usw.

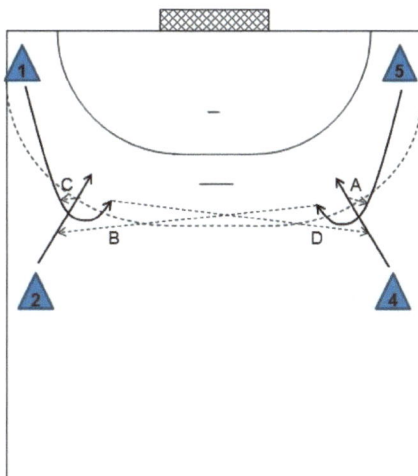

Laufwege nach dem Kreuzen:

- ▲5 tauscht mit ▲4 und ▲2 mit ▲1 die Position.

Variationen:

- Beim Kreuzen eine Wurftäuschung machen und den Ball hinten herausgleiten lassen.
- Sprungwurftäuschung beim Kreuzen machen und den Ball hinten herausgleiten lassen.

⚠ ▲4 und ▲2 stoßen dynamisch und druckvoll nach vorne, ▲1 und ▲5 kommen im Bogen herum gelaufen und stoßen vor ihrem Pass auf die andere Seite erst Richtung Tor.

Nr. 10	Passen plus Laufübung 1	6	⭐
Benötigt:	1 Ball, 8 Hütchen		

Ablauf:

- ▲1 stößt dynamisch nach vorne und passt (A) ▲2 den Ball in den Lauf.

- ▲2 stößt ebenfalls schnell und dynamisch nach vorne und passt (B) den Ball wieder in die Gegengruppe zu ▲3.

- Nach dem Pass laufen ▲1 und ▲2 in der Seitwärtsbewegung nach links (C), sprinten außenherum zur anderen Seite (D) und stellen sich dort wieder an.

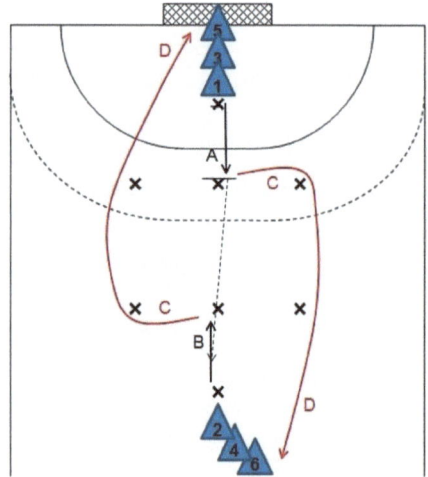

⚠ Die Spieler sollen das Stoßen und Passen so timen, dass die Aktion immer in der vollen Bewegung absolviert wird (kein Stehen beim Pass zur Gegengruppe).

⚠ Bei einer optimalen Gruppengröße von 5-6 Spielern sind alle permanent in Bewegung. Bei 10-12 Spielern die Gruppe teilen!

Variationen:
- Laufrichtung anders herum.

Nr. 11	Passen in der Stoßbewegung	6	☆
Benötigt:	2 Hütchen, 1 Ball		

Ablauf:

- 1 stößt mit Ball und passt (A) auf Höhe von 9 Meter in die Stoßbewegung von 2, dieser stößt bis 9 Meter und passt (B) zu 3 usw.
- Nach dem Pass laufen die Spieler diagonal rückwärts und stellen sich wieder bei der Gegengruppe an (C).

Variationen:

- Bevor die Spieler loslaufen, führen sie folgendes aus:
  - Drehung um 360°.
  - Drehung um 180°, abklatschen des dahinter anstehenden Mitspielers und erst dann starten.
  - Einmal den Boden vor ihren Füßen berühren.
  - Seitliche Lauftäuschung (D).

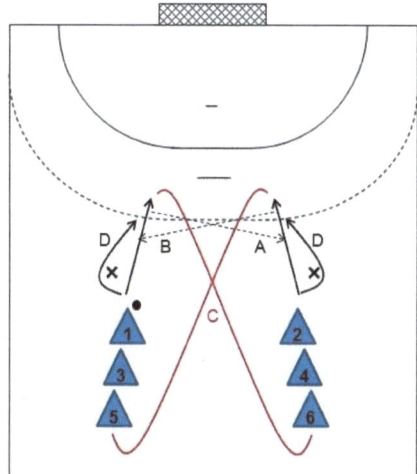

⚠ Die Spieler sollen so „spät" loslaufen, dass die Aktion mit hoher Geschwindigkeit stattfindet (hineinstoßen in den Pass, kein Warten auf den Ball).

Nr. 12	Passen in die Laufbewegung 1	6	★
Benötigt:	1 Hütchen, ausreichend Bälle		

Ablauf:

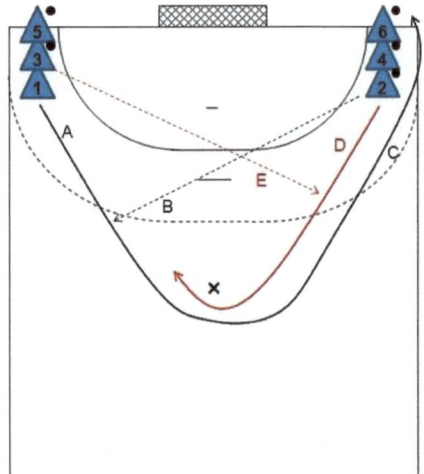

- ▲1 startet ohne Ball (A) und bekommt von ▲2 den Ball in den Lauf gespielt (B).
- Danach umläuft ▲1 prellend das Hütchen und stellt sich an der Gegengruppe an (C).
- Nach seinem Pass startet ▲2 (ohne Ball) (D) und bekommt von ▲3 den Ball in den Lauf gespielt (E).
- Danach umläuft ▲2 das Hütchen und stellt sich an der Gegengruppe an.
- Usw.

⚠ Das Hütchen abhängig von der Spieleranzahl aufstellen, so dass die wartenden Spieler nur kurz stehen.

Nr. 13	Balltransport	8	⭐
Benötigt:	2 Ballkisten, ausreichend Bälle		

Grundaufbau:
- Alle Bälle werden in eine Ballkiste gelegt.

Ablauf:
- **1** passt den Ball in der Bewegung zu **2** (A).

- **2** passt den Ball in der Bewegung zu **3** (B).

- **3** passt den Ball in der Bewegung zu **4** (C).

- Usw. bis der Ball bei **8** ankommt und in die Ballkiste gelegt wird.

- Sobald **3** den Ball zu **4** gepasst hat (C), bringt **1** den nächsten Ball ins Spiel, usw. bis die Ballkiste leer ist.

- Wenn die Bälle alle bei **8** in der Kiste sind, dreht sich der Ablauf herum.

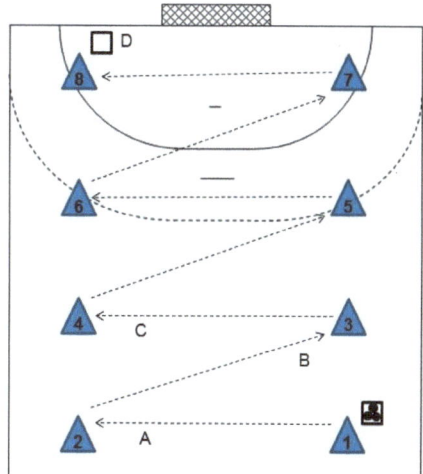

Variationen:
- Sprungwurfpässe.

Vorgaben:
- Abhängig vom Leistungsstand eine „Fehlerquote" vorgeben, die nicht überschritten werden darf. Sonst müssen Liegestützen oder Sit-Ups gemacht werden.

Nr. 14	Passen und Fangen mit Laufbewegung auf Kommando	4	★
Benötigt:	Je 2 Bälle je 4 Spieler		

Aufbau:

- Die Spieler stellen sich wie in der Grafik abgebildet immer paarweise mit Ball gegenüber auf.

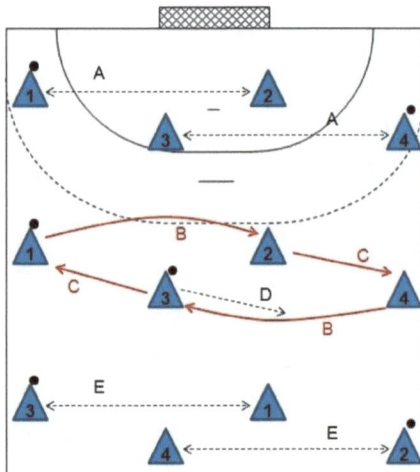

Ablauf:

- ▲1 und ▲2 passen sich fortlaufend einen Ball in der Bewegung zu, genauso ▲3 und ▲4 (A).

- Auf Kommando des Trainers starten die jeweils äußeren Spieler (▲1 und ▲4) dynamisch in die Vorwärtsbewegung und prellen auf die andere Seite (B). Sollten die äußeren Spieler den Ball zu diesem Zeitpunkt nicht haben, muss er vor der Laufbewegung zuerst gespielt werden (D).

- ▲2 und ▲3 nehmen sofort die Positionen von ▲1 und ▲4 im Uhrzeigersinn ein (C).

- Danach beginnt sofort wieder das Passen (E).

⚠ ▲1 und ▲4 müssen sich vor ihrem ersten Pass (E) nach dem Laufen um 180° drehen.

Nr. 15	8er-Lauf zu Dritt mit Ball	3	★
Benötigt:	1 Ball		

Ablauf:

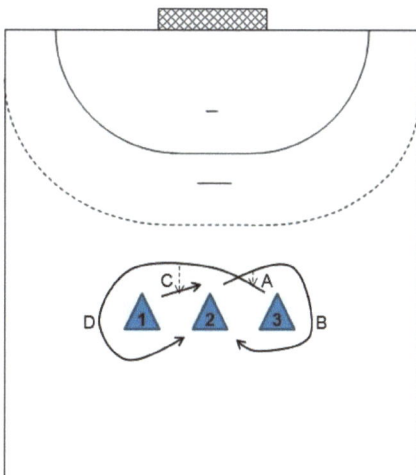

- ▲2 kreuzt nach vorne mit ▲3, spielt ihm den Ball (A) und lässt sich danach sofort schnell seitlich nach rechts rückwärts (B) zurückfallen.

- ▲3 kreuzt nach vorne mit ▲1, spielt ihm den Ball (C) und lässt sich dann sofort schnell seitlich nach links rückwärts (D) zurückfallen.

- Ablauf wiederholen

- Die Übung so schnell wie möglich ausführen.

Zwischenübungen nach Pfiff schnell ausüben:

- Die beiden Spieler, die beim Pfiff keinen Ball haben, machen nebeneinander (Abstand ca. 2 Meter) Liegestützen, der Spieler mit Ball macht schnelle Vorwärts- und Seitwärtsbewegungen (läuft eine 8) zwischen den beiden hindurch (ca. 20 Sekunden).

- Die beiden Spieler ohne Ball stellen sich hintereinander breitbeinig nach vorne gebeugt auf (Abstand ca. 2 Meter). Der Spieler mit Ball (legt diesen vorher zur Seite) macht über den Ersten einen Bocksprung und rutscht unter dem Zweiten durch.

- Der Spieler mit Ball spielt einem der anderen beiden den Ball. Diese beiden müssen es schaffen, 10 schnelle Pässe zwischen sich zu spielen. Schaffen sie es, macht der dritte Spieler Liegestützen, berührt er den Ball, machen die beiden anderen Liegestützen. Der Abstand zwischen den beiden darf nicht mehr als 5 Meter betragen.

Nachdem die Übung ausgeführt wurde, beginnen die Spieler sofort wieder mit dem 8er-Lauf.

Nr. 16	Präzisionswerfen	4	⭐
Benötigt:	Linien auf dem Hallenboden, Ballkiste mit ausreichend Bällen		

Grundaufbau:

- Verschiedene Linien (über das ganze Feld) auf dem Hallenboden als Wurfmarken definieren.
- Ballkiste mit allen Bällen (auch die „schlechten" Bälle) in den Mittelkreis stellen.

Ablauf 1:

- Jeder Spieler beginnt und wirft selbständig von der ersten Linie. Schafft er es, den Ball auf direktem Wege (A) in das Tor zu werfen (ohne dass der Ball vorher aufprellt), darf er eine Linie nach hinten gehen und es von dort erneut versuchen (C).
- Welcher Spieler schafft es, den weitesten Wurf, auszuführen?

Ablauf 2:

- Das Tor wird gelöst und gerade nach hinten an die Wand geschoben, Öffnung nach vorne.
- Wie oben beschrieben, allerdings müssen die Spieler den Ball nun so werfen, dass er hinter dem Tor landet (B).
- Welcher Spieler schafft es, den weitesten Wurf auszuführen?

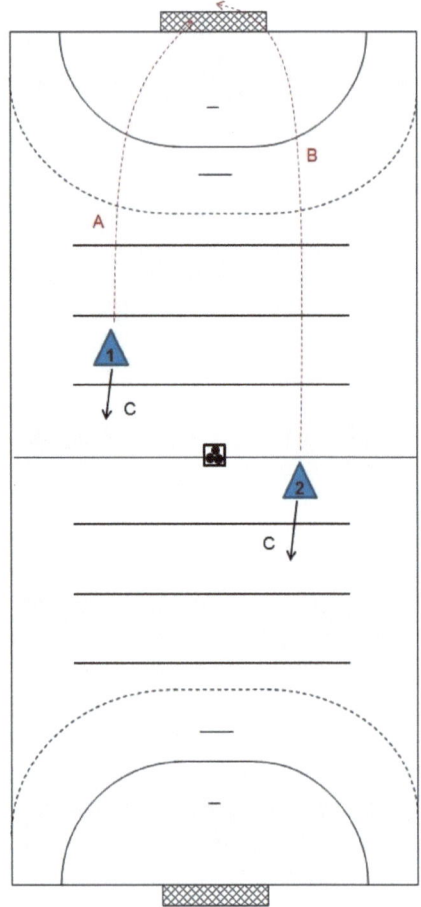

⚠️ Bei den Spielern auf die korrekte Wurfausführung (Arm-/ Schulterzug) achten. Immer wieder korrigieren.

Nr. 17	Passen plus Abwehr-Zusatzaufgabe (Beinarbeit)	6	★
Benötigt:	1 Ball		

Ablauf:

- ① und ② starten aus der Mitte heraus und laufen dynamisch auf den Ballhalter zu (A).

- ▲1 passt den Ball zu ▲2 (B).

- ① und ② laufen dynamisch Richtung Ballhalter (▲2) (C).

- ▲2 passt den Ball zu ▲4 (D).

- ① und ② laufen dynamisch Richtung Ballhalter (▲4) (E).

- Wenn ① und/oder ② es schaffen, einen Ballführenden zu berühren, müssen ▲1, ▲2, ▲3 und ▲4 z.B. 10 Liegestützen/Sit-Ups machen.

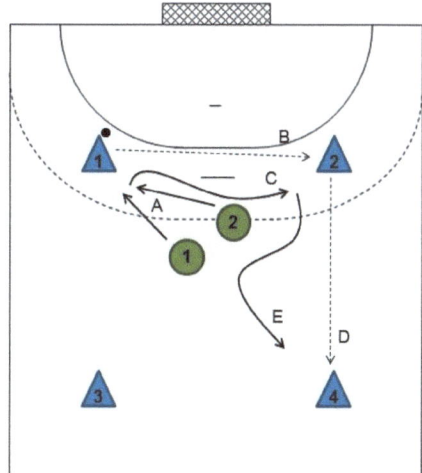

⚠ Pässe sollen schnell und sauber gespielt werden, so dass ① und ② weder den Ballhalter noch den Ball berühren können.

Variationen:
- Der Ball darf auch diagonal gepasst werden.
- ① und ② müssen sich an die Hand nehmen und als Einheit laufen.
- Angreifer stehen nur auf einem Bein beim Fangen und Passen.

Nr. 18	Passen und Fangen in der Laufbewegung	8	★
Benötigt:	2 kleine Turnkisten, 10-15 Bälle		

Aufbau:

- Eine Ballkiste mit allen Bällen auf der einen, eine leere Ballkiste auf der anderen Seite aufstellen.
- Mit Hütchen die Anspielpositionen markieren.

Ablauf:

- ▲1 passt zu ▲2 (A), sprintet los (B) und bekommt den Rückpass in den Lauf (C).
- Möglichst ohne das Tempo zu verringern, passt ▲1 innerhalb von drei Schritten zu ▲3 (D).
- ▲1 läuft weiter (E), bekommt wieder den Rückpass (F) und legt den Ball in der leeren Ballkiste ab (G).
- ▲2 stellt sich nach dem Rückpass (C) hinter ▲8 an (H), ▲3 stellt sich nach dem Pass (F) hinter ▲5 an (J) und ▲1 stellt sich nach dem Ablegen des Balles (G) hinter ▲6 an (K).
- Sobald ▲3 den Rückpass zu ▲1 spielt, beginnt ▲4 den Ablauf mit Pass zu ▲5.

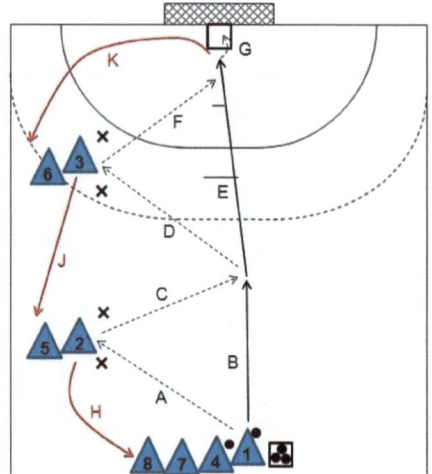

⚠ Die Spieler sollen in mehreren Durchgängen das Tempo immer weiter steigern und die Bälle im Laufen fangen und abspielen. Eventuell im zweiten Durchgang die Zeit stoppen und für die Mannschaft ein Ziel definieren, um wieviele Sekunden diese Vorgabe im dritten Durchgang unterboten werden soll.

Nr. 19	Passübung mit Regelbewegungen für den Torhüter	6	⭐
Benötigt:	1 Ball, 5 Hütchen, 2 kleine Turnkisten		

Aufbau:
- Zwei kleine Turnkisten als Ziel aufeinander stellen, mit Hütchen in einigem Abstand einen Kreis markieren.

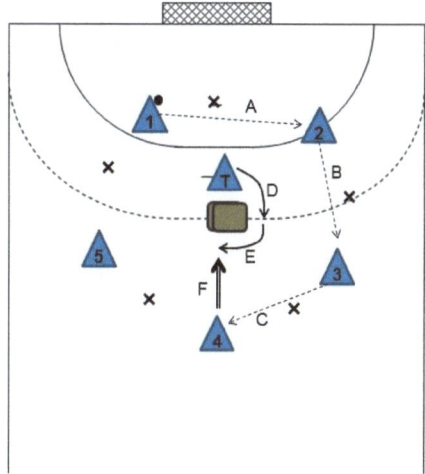

Ablauf:
- Die Spieler passen sich einen Ball zunächst im Kreis (A, B und C), ohne eine Position auszulassen und ohne Richtungswechsel.
- Wenn sie eine Möglichkeit sehen, versuchen sie, den Kistenturm in der Mitte zu treffen (F).
- Der Torhüter bewegt sich mit dem Ball mit (D und E) und positioniert sich immer so, dass ein Wurf auf die Kisten verhindert wird.
- Kommt der Wurf, versucht der Torhüter, den Ball abzuwehren.

Variationen:
- Nach einigen Runden auch Richtungswechsel bei den Pässen zulassen.

Nr. 20	Pass-/Laufkontinuum in der Acht	2	★★
Benötigt:	Je Spieler 2 Hütchen, je Paar ein Ball		

Ablauf A:
- Der Spieler läuft im Seitschritt permanent eine 8 durch die Hütchen und bekommt dabei von ① immer wieder den Ball zugespielt.

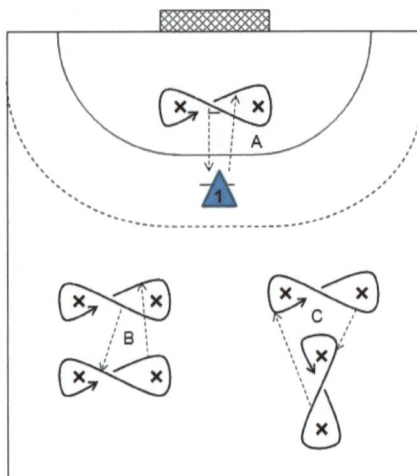

Ablauf B:
- Beide Spieler laufen im Seitschritt (gleiche Richtung) wie oben eine 8 durch die Hütchen und passen sich dabei den Ball zu.

Variationen:
- Entgegengesetzte Laufrichtung.
- Auf Kommando die Laufrichtung wechseln, dabei aber den Ball weiter spielen.

Ablauf C:
- 1 Spieler läuft wie oben im Seitschritt eine 8 durch die Hütchen, der zweite Spieler läuft die 8 vor- und rückwärts durch die Hütchen, dabei den Ball passen.

Variationen:
- Druckpässe.
- Pass- und Laufgeschwindigkeit langsam steigern.

Nr. 21	Komplexes Pass-/Laufkontinuum	6	★★
Benötigt:	3 Bälle, 6 Hütchen für die Spielfeldmarkierung, Ballkiste mit weiteren Bällen		

Ablauf:

- umläuft ohne Ball das erste Hütchen, stößt nach vorne, stößt gleichzeitig mit dem Ball bis zur Linie (D), spielt den Ball in den Lauf (A) und bekommt den Rückpass.

- läuft danach schräg zurück (B) um das nächste Hütchen, stößt wieder dynamisch nach vorne, stößt zur Linie, spielt den Ball und bekommt ihn sofort wieder zurück.

- läuft nach dem Pass rückwärts um das hintere Hütchen (E) und dann zur nächsten Position (F).

- läuft ebenfalls nach dem Pass um das hintere Hütchen und danach zur nächsten Position usw.

- Wenn am Ende angekommen ist, läuft er im Bogen (C) zur Ballkiste, holt sich einen Ball und beginnt mit dem Ablauf der Gegengruppe (, und).

- Wenn , und am Ende sind, laufen sie im Bogen (G) an der Ballkiste vorbei, legen den Ball hinein und laufen zur Gegengruppe ().

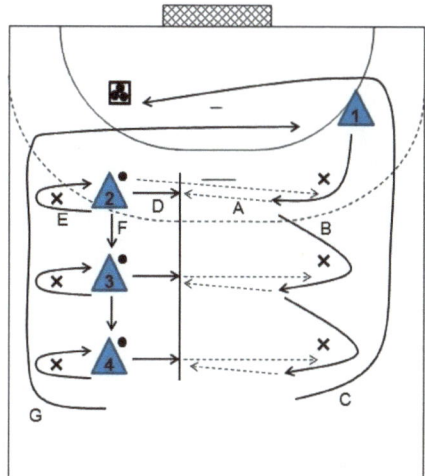

Nr. 22	Ankreuzkontinuum LA, RL, RM, RR, RA	10	★★
Benötigt:	1 Ball, jede Position doppelt besetzen		

Ablauf:

- Der Ball wird von LA in der Stoßbewegung von ▲1 -> ▲2 -> ▲3 bis zu ▲4 gespielt (nicht im Bild).

- ▲4 kreuzt (A) mit ▲5 und ▲5 passt (B) zu ▲3.

- ▲3 kreuzt (C) sofort mit ▲2, danach passt ▲2 nach außen zu ▲5 (D).

- Danach gleicher Ablauf auf die andere Seite usw.

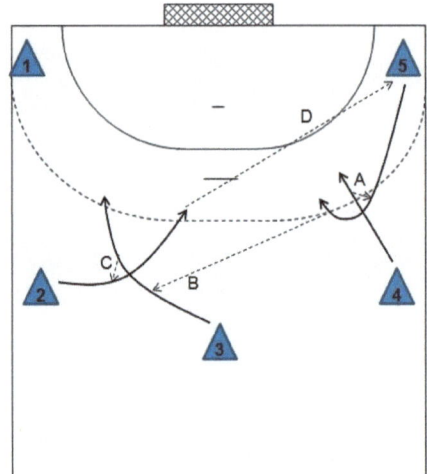

Immer nach dem Kreuzen die Position tauschen. ▲4 mit ▲5, ▲2 mit ▲3, in der zweiten Runde dann ▲1 mit ▲3, ▲2 mit ▲4.

Variationen:

- Nach dem Kreuzen ▲3 mit ▲2 oder ▲3 mit ▲4, erfolgt der Pass (D) auf Außen im Sprungwurf.
- Tempo kontinuierlich steigern.

⚠ auf korrekte Stoßbewegung / korrektes Anstoßen von außen achten.

Nr. 23	Stoßen und Gegenstoßen im Kontinuum	10	★★
Benötigt:	1 Ball, jede Position doppelt besetzen		

Ablauf:

- **2** kreuzt (A) mit **1**. **3** stößt und bekommt den Ball von **1** in den Lauf (B):

  o **1** (jetzt auf RL) lässt sich sofort ein paar Schritte zurücksinken.

  o **2** (jetzt auf LA) läuft auf die Außenposition, stoppt ab und lässt sich ein bisschen zurückfallen (Richtung Torauslinie).

- **3** stößt leicht nach rechts, lässt sich zurückfallen und stößt prellend sofort wieder leicht nach links und passt (C) auf **1** (Bild 2).

- **1** stößt und spielt (D) den Ball nach außen zu **2**.

- **2** stößt nach außen weg und passt (E) auf die andere Außenseite zu **5**.

- **5** spielt den Ball (F) direkt zu **3**.

- **3** stößt an und spielt den Ball zu **4** (G).

- Danach gleicher Ablauf auf die andere Seite.

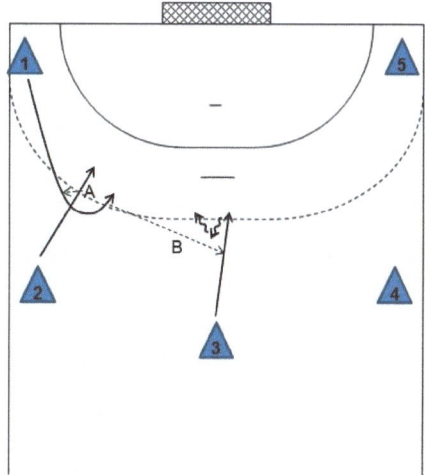

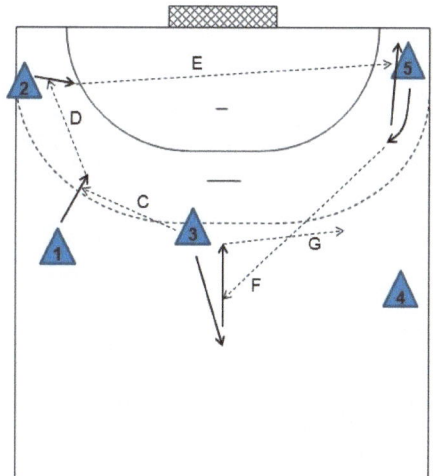

⚠ Tempo kontinuierlich steigern.

Nr. 24	Pass-/Laufkontinuum mit Anspieler	10	★★
Benötigt:	2 Bälle, 6 Hütchen für die Spielfeldmarkierung		

Ablauf:

- ▲5 und ▲6 einfach besetzen (Torhüter), die restlichen Positionen doppelt.

- ▲1 passt (A) zu ▲5, läuft in Richtung ▲2 und bekommt den Rückpass (B), dann Pass (C) zu ▲2 und dahinter anstellen. ▲4, ▲6 und ▲3 machen ebenfalls den gleichen Ablauf.

⚠ Pass- und Laufgeschwindigkeit langsam steigern.

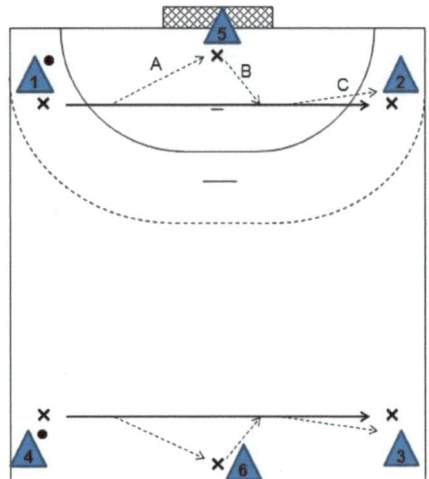

Variationen:

- ▲1 passt zu ▲5 (D) (▲4 dazu parallel zu ▲6), danach startet ▲1 Richtung ▲3 und bekommt den Ball von ▲6 (E) gepasst, danach Pass zu ▲3 (F), dahinter anstellen.

- Nach Pass von ▲6 (E), Sprungwurfpass zu ▲2 (G), aber hinter ▲3 anstellen.

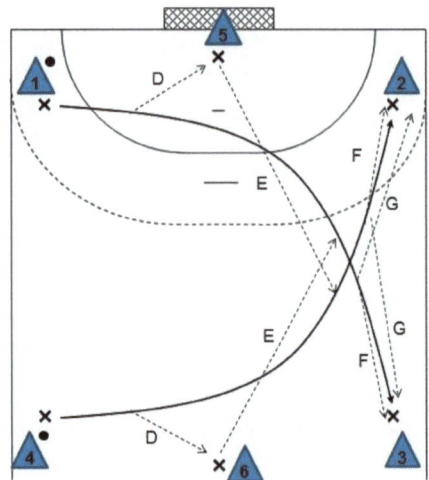

Nr. 25	Passen in die Bewegung mit Konterabschluss	8	★★
Benötigt:	8 Hütchen, 2 Ballkisten mit ausreichend Bällen		

Aufbau:
- Zwei Teams bilden, für jedes Team eine Raute aus 4 Hütchen aufstellen.
- Ein Spieler jeder Gruppe beginnt als Passgeber neben einer Ballkiste.

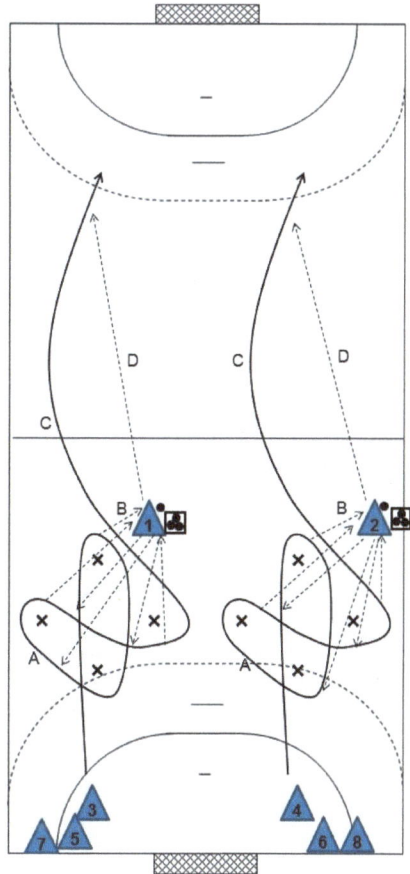

Ablauf:
- **3** und **4** starten gleichzeitig und absolvieren den folgenden Laufweg (A):
  - Sprint zum vordersten Hütchen und das Hütchen umrunden.
  - Rückwärts zurück zum hinteren Hütchen und umrunden.
  - Vorwärts zunächst um das linke, dann um das rechte Hütchen.
- Während **3** und **4** den Laufweg absolvieren, bekommen sie von **1** bzw. **2** Pässe gespielt und passen den Ball wieder zurück (B).
- Nachdem **3** und **4** mit dem Laufweg fertig sind, starten sie in den Konter (C) und bekommen den weiten Pass von **1** bzw. **2** gespielt (D).
- Danach startet der nächste Spieler jeder Gruppe.
- Nach 2-3 Durchgängen den Passgeber wechseln.

Variation:
- Wettkampf: der Spieler, der den Ball schneller im gegenüberliegenden 9m ablegt, gewinnt für sein Team einen Punkt.

⚠ Auf Einhaltung der Schrittregel achten.

⚠ Es sollen mindestens 3 Doppelpässe gespielt werden.

Nr. 26	Stoßen/Gegenstoßen in der Grundbewegung	4	★★
Benötigt:	2 Hütchen, 1 Ball		

Ablauf:

- 🔵1 stößt mit Ball (ohne zu prellen) mit drei Schritten dynamisch nach vorne (A).

- 🔵1 macht eine Wurftäuschung (Wurfarm nach hinten führen und Schulter deutlich aufdrehen).

- Jetzt macht 🔵1 prellend eine Laufbewegung nach hinten und wieder nach vorne auf die andere Seite des Hütchens (B).

- 🔵1 passt den Ball zu 🔵2, der dynamisch anstößt und ebenfalls die Wurftäuschung macht (C).

- Jetzt macht 🔵2 prellend eine Laufbewegung nach hinten und wieder nach vorne auf die andere Seite des Hütchens (D).

- Nach dem Pass laufen die Spieler locker auf die andere Seite und beginnen den Ablauf dort von neuem (E).

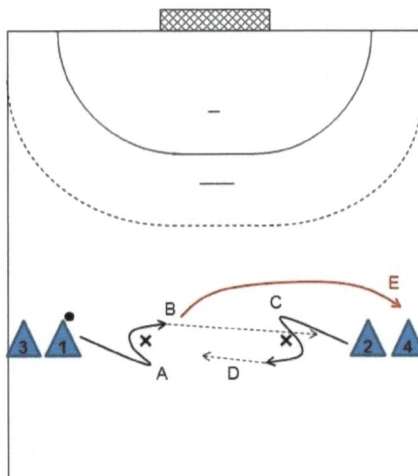

Variationen:

- Lauf-/Wurftäuschung auf die andere Seite machen.
- Der Pass in die Gegengruppe (C) erfolgt aus dem Sprungwurf.
- Den Ablauf nur mit drei Spielern absolvieren (intensiver).

⚠ Auf korrekte Position bei der Wurftäuschung achten. Deutliches Aufdrehen der Schulter, Fuß zeigt Richtung Gegengruppe mit deutlichem Einstemmen.

⚠ Die Wurftäuschung muss glaubhaft ausgeführt werden.

⚠ Beim Prellen den Ball mit dem Körper abschirmen (zum Hütchen hin).

Nr. 27	Stoßen/Gegenstoßen mit Abwehrspieler	6	★★
Benötigt:	1 Ball		

Ablauf:

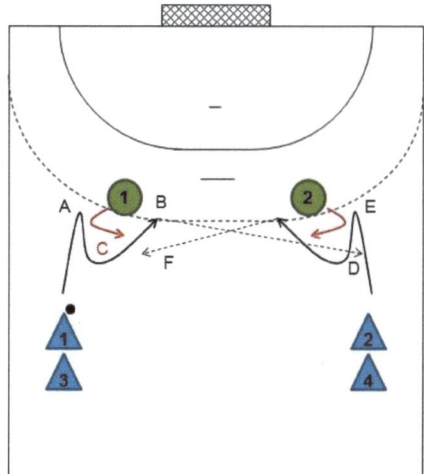

- ▲1 stößt mit Ball (ohne zu prellen) mit drei Schritten dynamisch Richtung Tor (A).

- ●1 tritt deutlich heraus und orientiert sich Richtung Wurfarm (C).

- ▲1 macht eine Wurftäuschung (Wurfarm nach hinten führen und Schulter deutlich aufdrehen).

- Jetzt macht ▲1 prellend eine Laufbewegung nach hinten und wieder nach vorne auf die andere Seite von ●1 (B).

- ●1 macht die Bewegung von ▲1 mit (C) und versucht, zu stören.

- ▲1 passt zu ▲2 (D), der dynamisch Richtung Tor anstößt und ebenfalls die Wurftäuschung macht (E).

- ●2 tritt deutlich heraus und orientiert sich Richtung Wurfarm.

- Jetzt macht ▲2 prellend eine Laufbewegung nach hinten und wieder nach vorne auf die andere Seite von ●2 und passt zu ▲3 (F).

- Usw.

Variationen:
- Den Pass im Sprungwurf machen (D und F).

⚠ Die Abwehrspieler sollen zunächst nur heraustreten und mit wenig Aktion agieren. Im Laufe der Übung aber immer mehr Widerstand geben und versuchen, solange der Angreifer in Ballbesitz ist, an den Ball zu kommen.

⚠ Die Angreifer sollen beim Gegenstoßen deutlich vom Abwehrspieler wegprellen, danach aber wieder Druck Richtung Tor machen.

⚠ Beim Prellen den Ball mit dem Körper abschirmen (zum Hütchen hin).

Nr. 28	Passübung mit Abwehrspielern	9	★★

Benötigt:	4 Hütchen, 3-4 Bälle

Aufbau:

- 4 Hütchen so aufstellen, dass zwei parallele Linien als Feldbegrenzung entstehen (eventuell vorhandene Linien nutzen)
- Drei Spieler starten als Abwehrspieler zwischen den Linien, die anderen Spieler verteilen sich auf beiden Seiten (s. Bild).

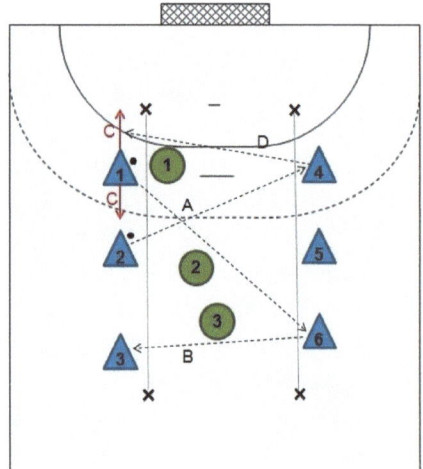

Ablauf:

- Die Bälle werden gleichzeitig von einer Seite des Spielfeldes auf die andere gepasst (A) und von dort sofort wieder zurück (B und D). Dabei sind gerade Pässe und diagonale Pässe erlaubt.
- Die Bälle werden direkt oder als Bodenpass gespielt, Bogenlampen sind nicht erlaubt.
- Die Spieler versuchen, die Pässe so zu spielen, dass kein Abwehrspieler den Ball berührt.
- Die Abwehrspieler dürfen sich frei zwischen den beiden Linien bewegen.
- Die Spieler auf beiden Seiten des Feldes dürfen sich nach links oder rechts bewegen (C), um anspielbar zu sein (sie dürfen dabei nicht aneinander vorbeilaufen).

⚠ Die Spieler sollen schnell passen und sich bereits vor dem Fangen des Balles orientieren, wohin der nächste Pass gespielt werden kann.

⚠ Die Spieler sollen vor dem Pass Blickkontakt aufnehmen und sich so abstimmen.

⚠ Abwehrspieler regelmäßig wechseln.

Nr. 29	Pass-/Laufkontinuum	8	★★
Benötigt:	2 Bälle, 6 Hütchen für die Spielfeldmarkierung		

Ablauf:

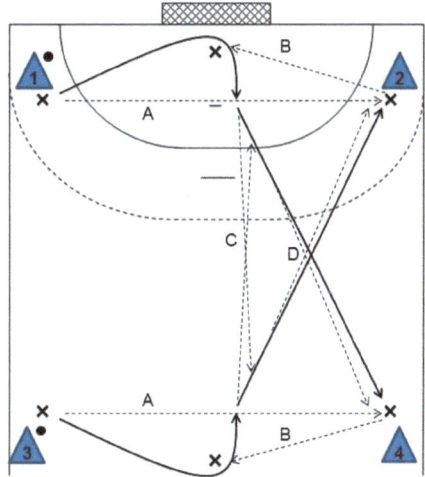

- Beide Gruppen (▲1 und ▲3) starten gleichzeitig.

- ▲1 passt (A) zu ▲2 (▲3 gleichzeitig zu ▲4) ▲1 und ▲3 umlaufen danach das seitliche Hütchen in der Feldmitte.

- Danach Rückpass von ▲2 (▲4) (B).

- ▲1 und ▲3 tauschen die Bälle (C).

- ▲1 (▲3) spielen den Ball gegenüber in die andere Gruppe (D) und stellen sich dort wieder an.

- Danach umgekehrter Ablauf.

Variationen:

- Geschwindigkeit erhöhen.

- Pass im Sprungwurf zwischen ▲1 und ▲3.

Nr. 30	Pass-/Laufkontinuum in der großen Gruppe	12	★★
Benötigt:	3 Bälle, 6 Hütchen für die Spielfeldmarkierung, jede Position doppelt besetzen		

Ablauf:

- 1 passt zu 2, 3 zu 4 und 5 zu 6 (dynamische Stoßbewegung nach vorne) und wieder zurück. Die Pässe erfolgen zeitgleich!

- danach läuft 1 in der Seitwärtsbewegung zu 3 (A), 3 zu 5 (B), 5 läuft normal zu 1 (C) und 2 zu 4, 4 zu 6, 6 zu 2.

Variation:

- 5 läuft außen herum zu 2 (D) und 6 zu 1.

⚠ Bei 12 Spielern sind hohe Geschwindigkeit und Passgenauigkeit gefordert, um den Ballfluss nicht zu stoppen.

Nr. 31	Pass-/Laufkontinuum übers ganze Feld 2	6	★★
Benötigt:	3 Hütchen, ausreichend Bälle		

Ablauf:

- 1 spielt 2 den Ball (A), umläuft das Hütchen und bekommt den Ball wieder zurück (B).

- 2 läuft etwas nach oben und wartet dort (C).

- 1 spielt 3 den Ball (D), umläuft das Hütchen und bekommt den Ball wieder zurück (E).

- Nach dem Pass läuft 3 auf die Position von 2 (F).

- 1 spielt 4 den Ball (G), umläuft das Hütchen und bekommt den Ball wieder zurück (H).

- Nach dem Pass läuft 4 auf die Position von 3 (J).

- 1 läuft weiter, spielt den Pass zum wartenden 2 (K) und läuft danach auf die Position von 4.

- 2 stellt sich mit Ball an der Startposition an (L).

- Sobald 3 auf der Position von 2 angekommen ist (F), startet 5 mit dem gleichen Ablauf.

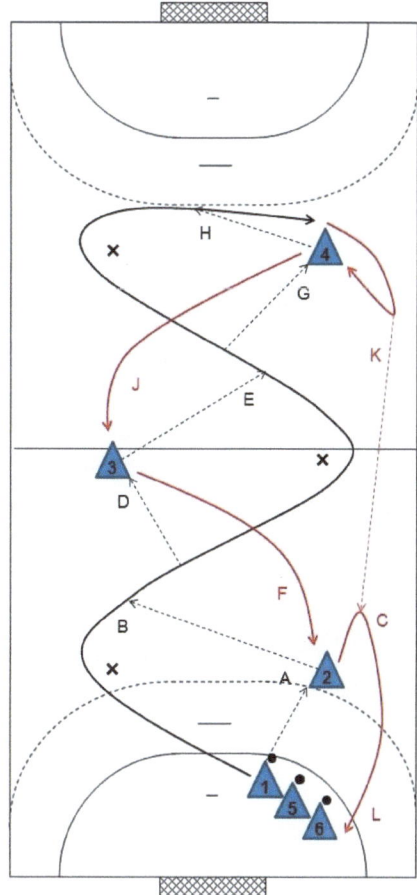

- Usw.

⚠ 3 und 4 müssen zügig auf die neue Position laufen (F und J).

Nr. 32	Passen in die Laufbewegung 2	6	★★
Benötigt:	3 Hütchen, ausreichend Bälle		

Ablauf:

- 1 startet ohne Ball (A) und bekommt von 2 den Ball in den Lauf gespielt (B).

- Danach umläuft 1 prellend das Hütchen, zieht einen kurzen Sprint bis zum äußeren Hütchen an (C), läuft aus und stellt sich an der Gegengruppe wieder an (D).

- Nach seinem Pass startet 2 (ohne Ball) (E) und bekommt von 3 den Ball in den Lauf gespielt (F).

- Danach umläuft 2 das Hütchen und wiederholt den Ablauf (Sprint und Anstellen in der Gegengruppe).

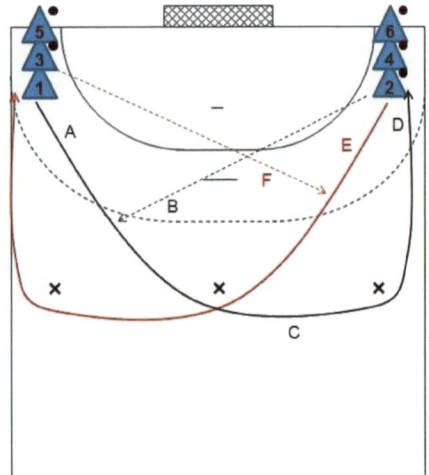

- Usw.

⚠ Die Hütchen abhängig von der Spieleranzahl aufstellen, so dass keine langen Wartezeiten entstehen.

Nr. 33	Passen in die Laufbewegung 3	8	★★
Benötigt:	4 Hütchen, ausreichend Bälle		

Ablauf:

- 4 startet ohne Ball (A) und bekommt von 1 den Ball in den Lauf gespielt (B).

- 7 startet und bekommt von 4 den Ball in den Lauf gespielt (C).

- 7 prellt mit Ball geradeaus (D) und stellt sich wieder an, 4 stellt sich auf die Position von 7.

- Direkt nach seinem Pass zu 4 startet 1 (E) und bekommt von 5 den Ball in den Lauf gespielt (F).

- 8 startet und bekommt von 1 den Ball in den Lauf gespielt (G).

- 8 prellt mit Ball geradeaus und stellt sich wieder an, 1 stellt sich auf die Position von 8.

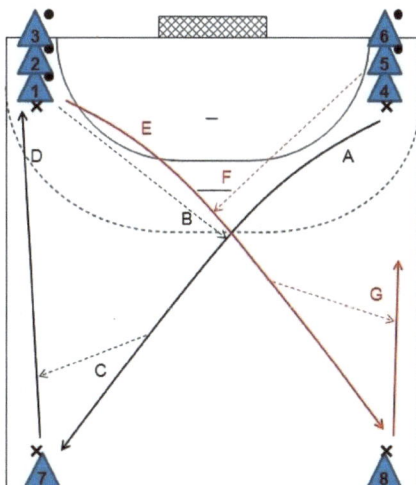

- Usw.

⚠ Die Lauf- und Passgeschwindigkeit langsam steigern.

Nr. 34	Passkontinuum über die ganze Halle 1	10	★★
Benötigt:	6 Hütchen, ausreichend Bälle		

Aufbau:

- Die Spieler 🔺1, 🔺2, 🔺3, 🔺5 und 🔺6 mit Ball, alle anderen ohne Ball.

Ablauf:

- 🔺4 startet den Ablauf, läuft Richtung 🔺7 (A) und bekommt von 🔺1 den Ball in den Lauf gespielt (B):

  o 🔺7 startet Richtung 🔺10 und bekommt von 🔺4 den Ball in den Lauf gespielt (C). 🔺4 nimmt danach die Position von 🔺7 ein.

  o 🔺10 startet Richtung 🔺5 und bekommt von 🔺7 den Ball in den Lauf gespielt (D). 🔺10 prellt mit hohem Tempo geradeaus und stellt sich an der Gruppe wieder an (E). 🔺7 nimmt die Position von 🔺10 ein.

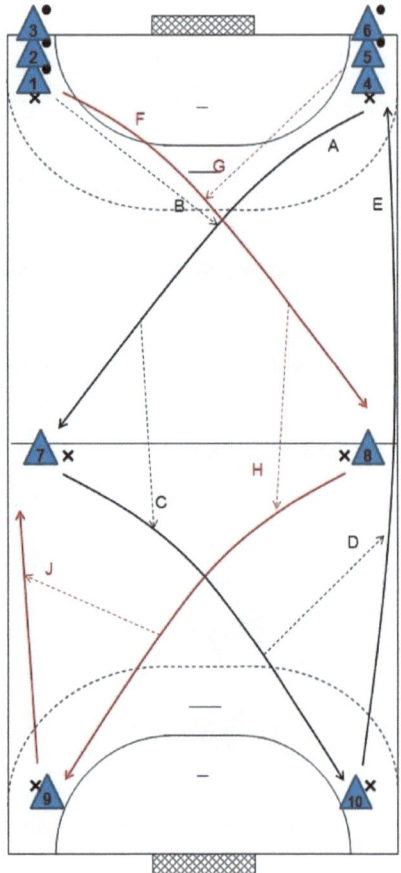

- Nachdem 🔺1 den Ball zu 🔺4 gespielt hat, läuft 🔺1 los Richtung 🔺8 (F) und bekommt von 🔺5 den Ball in den Lauf gespielt (G).

  o 🔺8 startet Richtung 🔺9 und bekommt von 🔺1 den Ball in den Lauf gespielt (H). 🔺1 nimmt danach die Position von 🔺8 ein.

- 🔺9 startet Richtung 🔺2 und bekommt von 🔺8 den Ball in den Lauf gespielt (J). 🔺9 prellt mit hohem Tempo geradeaus und stellt sich an der Gruppe wieder an. 🔺8 nimmt die Position von 🔺9 ein, usw.

Variationen:

- Sprungwurf-Pässe.

⚠️ Geschwindigkeit langsam steigern, hohe Pass- und Laufgeschwindigkeit.

Nr. 35	Passkontinuum über die ganze Halle 2	14	★★
Benötigt:	7 Hütchen, ausreichend Bälle		

Ablauf:

- △1 startet ohne Ball und bekommt von △4 den Ball in den Lauf gespielt (A).

- △7 startet und bekommt von △1 den Ball in den Lauf gespielt (B).

- △7 prellt mit Ball geradeaus (hohes Tempo) und stellt sich wieder an (C).

- △1 läuft weiter (hohes Tempo), bekommt vom Torhüter den Ball gespielt, passt sofort wieder zurück (D) und stellt sich an der Gruppe an (E).

- Direkt nach seinem Pass zu △1 startet △4 und bekommt von △2 den Ball in den Lauf gespielt (F), jetzt wiederholt sich der Ablauf auf die andere Seite.

- Usw.

⚠ Die Lauf- und Passgeschwindigkeit langsam steigern.

⚠ Darauf achten, dass der Pass zum entgegenkommenden Spieler sauber und in den Lauf ausgeführt wird (B).

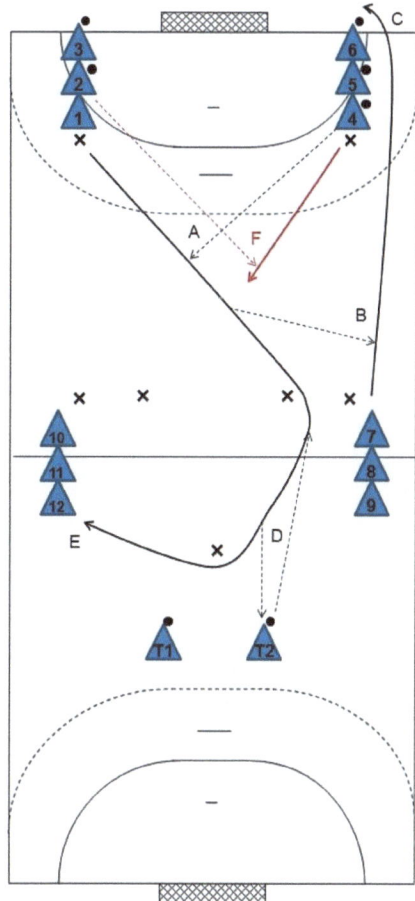

Nr. 36	Pass-/Laufkontinuum übers ganze Feld 3	12	★★
Benötigt:	1 Ball, Reservebälle liegen in den Toren		

Ablauf:

- Die Spieler stehen auf beiden Hallenhälften jeweils auf LA, RM und RA.

- **3** passt **2** in den Lauf (A).

- **2** kreuzt mit **1** (B) und **1** spielt dem ansprintenden **3** in den Lauf (C).

- Da **3** von der rechten Außenseite kommt, stellt sich **4** etwas versetzt nach links auf.

- **3** passt **4** in den Lauf (D) und kreuzt mit diesem (E).

- **3** passt (F) nach dem Kreuzen den Ball zu **5** auf der linken Außenseite.

- **5** sprintet prellend bis über die Mittellinie und passt (G) den Ball aus dem vollen Lauf zu **2**, der mittlerweile diese Position eingenommen hat.

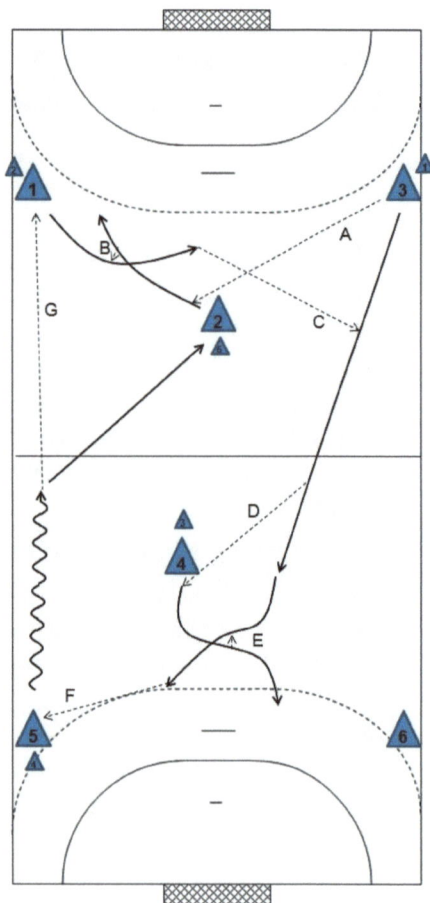

Anstellpositionen nach der Aktion (kleine Dreiecke):

- **1** auf **3**, **2** auf **1**, **3** auf **4**, **4** auf **5**, **5** auf **2**.

Danach beginnt der gleiche Ablauf von LA beginnend mit dem Ankreuzen von RM auf RA.

Nr. 37	Passen und Fangen in der Bewegung mit Laufkoordination	8	★★
Benötigt:	8 Turnreifen, jeder Spieler 1 Ball		

Ablauf:

- 2 passt zu 1 (A).
- 1 durchspringt beidbeinig die Reifen und kreist den Ball dabei einmal um die Hüfte (B).
- 2 startet in den Konter (C).
- 1 passt nach Durchspringen der Reifen 2 in den Lauf (D).
- 2 passt zum Torhüter (E), läuft mit beiden Füßen in den 6-Meter und startet sofort wieder auf die andere Seite (F).
- Der Torhüter passt 2 den Ball kurz zurück (G).
- Inzwischen dreht sich 1 um und startet in den Gegenstoß (J).
- 2 passt 1 in den Lauf (H).
- 1 durchspringt die Reifen einbeinig mit links (in der nächsten Runde mit rechts) (K) und stellt sich hinter 7 an (L).
- 2 stellt sich hinter 3 an.
- Nach dem Pass von 1 zu 2 (D), startet 4 die nächste Aktion.

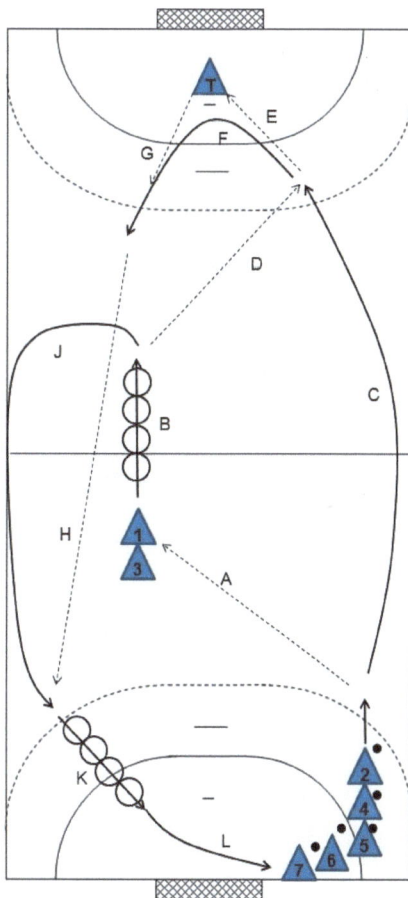

⚠ Die Spieler sollen mit hohem Tempo in den Gegenstoß gehen (C und J).

⚠ Die weiten Pässe (D und H) sollen mit hoher Präzision gepasst werden, sodass die Empfänger sie jeweils in vollem Lauf fangen können.

Nr. 38	Passen und Fangen in der Laufbewegung	8	★★
Benötigt:	1 Ball je 2 Spieler, 4 Hütchen		

Aufbau:

- Jeweils zwei Spieler gehen mit einem Ball zusammen. Die Pärchen stellen sich hintereinander mit 2-4 Meter Abstand zueinander auf (siehe Bild).
- Zwei Hütchen als Markierung aufstellen.

Ablauf:

- Jedes Pärchen passt sich durchgehend einen Ball (dabei verschiedene Passvarianten spielen: Bodenpässe, Pässe über Kopf, Pässe mit links, Pässe mit rechts) (A).
- Auf Pfiff startet das erste Pärchen, (hier 🔺1 und 🔺2) im Sprint um die Hütchen (B) und in den Konter. Der Ballhalter prellt um das Hütchen.
- Im Konter spielen 🔺1 und 🔺2 drei bis vier Pässe (C).
- Dann umlaufen beide die vorderen Hütchen (D), laufen in mittlerem Tempo zurück (E) und stellen sich wieder an (der Ballhalter prellt auf dem Rückweg den Ball).
- Sobald 🔺1 und 🔺2 gestartet sind, rücken die anderen Pärchen nach (F), ohne dabei das Passspiel zu unterbrechen.
- Beim nächsten Pfiff starten 🔺3 und 🔺4 in den Konter usw.

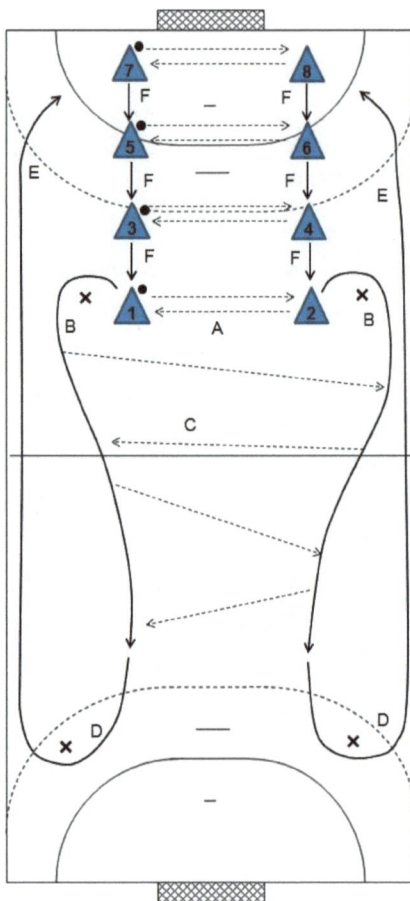

⚠️ Die Pfiffe sollen zügig hintereinander erfolgen, so dass die Übung intensiv ist und sich Pässe und Konter immer wieder abwechseln.

Nr. 39	Fortlaufendes Kreuz-Kontinuum	4	⭐⭐
Benötigt:	1 Ball je 4er-Gruppe		

Ablauf:

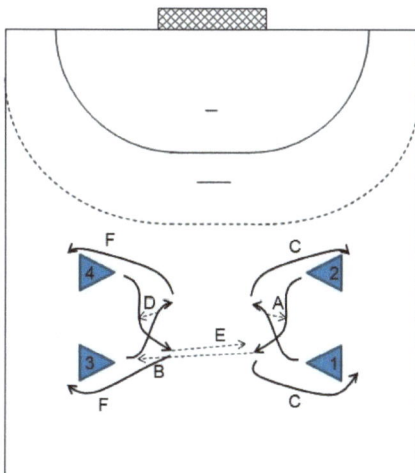

- ▲1 kreuzt (A) mit ▲2.

- ▲2 spielt (B) den Ball zu ▲3.

- Nach dem Pass ziehen sich ▲1 und ▲2 sofort wieder rückwärts zurück (C).

- ▲3 kreuzt (D) mit ▲4.

- ▲4 spielt (E) den Ball zu ▲2 (wichtig ist, dass der Ball zu ▲2 gespielt (E) wird, damit das Ankreuzen immer abwechselnd erfolgt).

- Nach dem Pass ziehen sich ▲3 und ▲4 sofort wieder rückwärts zurück (F).

- Danach wiederholt sich der Ablauf.

Variation:

- Beim Ankreuzen eine Sprungwurftäuschung machen und Ball nach hinten so „rauslassen", dass der Mitspieler ihn fangen und gleich in die Gegengruppe passen kann.
- Sprungwurfpass in die Gegengruppe.

Nr. 40	Fortlaufendes Stoß-Kontinuum in zwei Gruppen	8	★★
Benötigt:	8 Hütchen, 2 Bälle		

Ablauf:

- ▲1 stößt dynamisch mit Ball zum vorderen Hütchen (A).

- ▲2 läuft etwas zeitversetzt los und bekommt den Ball in den Lauf gespielt (B).

- ▲5 läuft wiederum etwas zeitversetzt zu ▲2 los, und bekommt von ▲2 den Ball in den Lauf gespielt.

- usw.

- Nach dem Pass von ▲1 zu ▲2, läuft ▲1 rückwärts zur anderen

Seite und stellt sich dort wieder an (C). ▲2 nach seinem Pass ebenso.

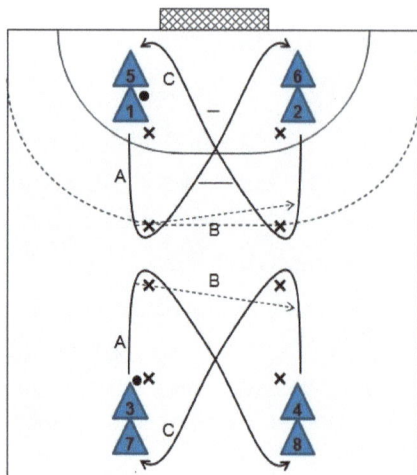

Die Gruppe auf der anderen Seite führt den Ablauf genauso aus.

Passreihenfolge:
- 1. Unterarmpässe.
- 2. Schlagwurf-Pass (Schulter zum Anzuspielenden aufdrehen).

⚠ Hohe Dynamik in der Vorwärtsbewegung.

⚠ Spieler sollen bei ihrer Aktion geradeaus blicken (den Spielern der anderen Gruppe in die Augen blicken).

⚠ Nach dem Pass muss das Zurückziehen sofort erfolgen, um die Passfolge weiterführen zu können.

Nr. 41	Passen plus Laufübung 2	8	★★
Benötigt:	10 Hütchen		

Ablauf der inneren Gruppe (1, 3 ... und 2, 4 ...):

- 1 stößt dynamisch nach vorne und passt (A) den Ball in die Stoßbewegung (B) von 2.

- 2 passt aus dem Stoßen heraus zu 3 usw.

Ablauf nach dem Stoßen:

- 1 läuft danach in der Seitwärtsbewegung rechts nach außen (C), sprintet um das hintere Hütchen (D), zieht dann einen langen Sprint an (E) und stellt sich bei der Gegengruppe an.
- Der Ablauf wiederholt sich dann auf beiden Seiten.

⚠ Die Spieler sollen das Stoßen und Passen (A und B) so timen, dass die Aktion immer in der vollen Bewegung absolviert wird (kein Stehen beim Pass zur Gegengruppe).

⚠ Die jeweils hinteren Hütchen (E) so aufstellen, dass die Spieler nach dem langen Sprint direkt wieder in den Pass laufen können (A). Es darf nicht stocken, weil ein Spieler noch nicht da ist. Es soll auch kein „Stau" mit Wartezeit entstehen.

⚠ Übung ist sehr intensiv, eventuell eine kurze Pause nach der Hälfte der Zeit machen.

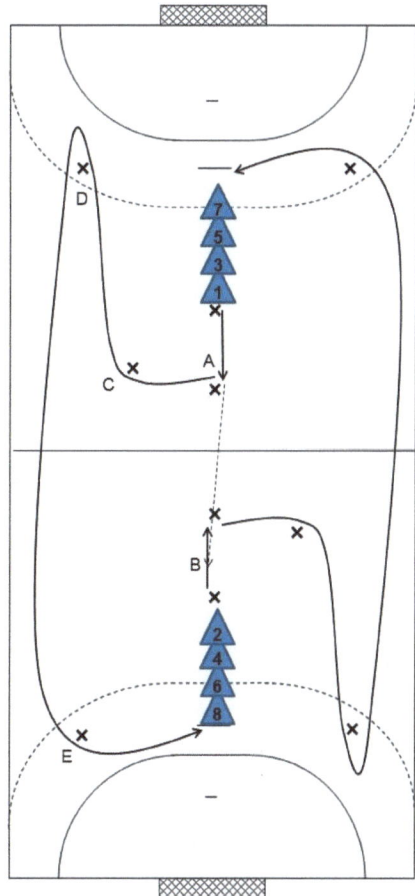

Nr. 42	Pass-Kontinuum mit Kreisläufer	10	★★
Benötigt:	1 Hütchen, 2 Bälle		

Ablauf:

- **3** stößt an, bekommt von **T1** den Ball in den Lauf (A) gespielt und spielt **2** in den Lauf (B).

- **2** spielt den Ball nach außen zu **1** (C) und zieht sich danach sofort wieder auf die Ausgangsposition zurück.

- **1** stößt im Bogen dynamisch an und spielt dem wiederum anstoßendem **2** in den Lauf (D).

- **4** läuft am Kreis im Bogen um das Hütchen und bekommt den Ball von **2** in den Lauf gespielt (E).

- **4** macht einen Sprungwurfpass zu **T1** (F) und der Ablauf beginnt von vorne.

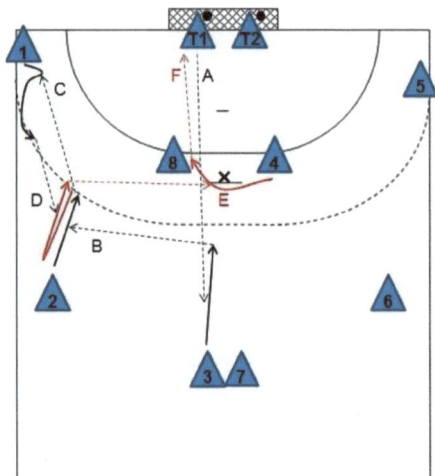

⚠ Die andere Gruppe (**T2**, **8**, **5**, **6** und **7**) absolviert die Ballfolge gleichzeitig auf der anderen Seite.

⚠ Die beiden Kreisläufer bleiben nach dem Umlaufen des Hütchens und dem Pass zum Torwart auf der Seite stehen und absolvieren immer im „Gruppenwechsel" den Ablauf.

Nr. 43	Passen in der Kreisbewegung	2	★★
Benötigt:	Je 2er Gruppe einen Ball (zwei Bälle)		

Aufbau:

- △1 und △2 stellen sich mit 5-6 Metern Abstand voneinander auf.

Ablauf:

- Beide Spieler bewegen sich auf einer Kreisbahn und passen sich in der Bewegung den Ball zu (A und B).

Variationen:

- Richtungswechsel.
- Abrupter Richtungswechsel, der eine Spieler gibt vor, der andere muss schnell darauf reagieren.
- Sprungwurfpässe.
- Jeder Spieler hat einen Ball, gleichzeitiges Passen.

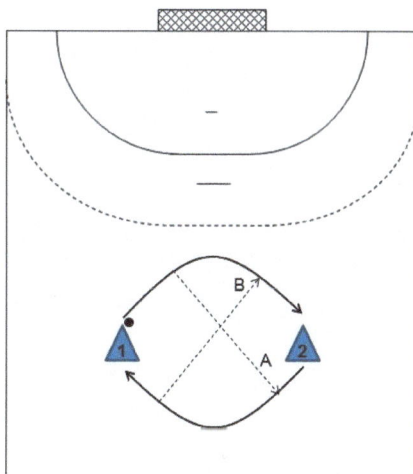

Nr. 44	Passfolge zu viert mit Sprintaufgabe	8	★★
Benötigt:	4 Hütchen, je 4er Gruppe zwei Bälle		

Aufbau:
- Immer vier Spieler gehen mit zwei Bällen zu einem Hütchen.
- Bei 12 Spielern wird sich an drei Hütchen aufgestellt, usw.

Ablauf:
- **1** stößt nach vorne und passt zu **4**, **4** zu **2**, **2** passt mit einer leichten Seitwärtsbewegung wieder zu **1**.
- **3**, **4** und **2** machen den gleichen Ablauf nur etwas zeitverzögert auf der anderen Seite.

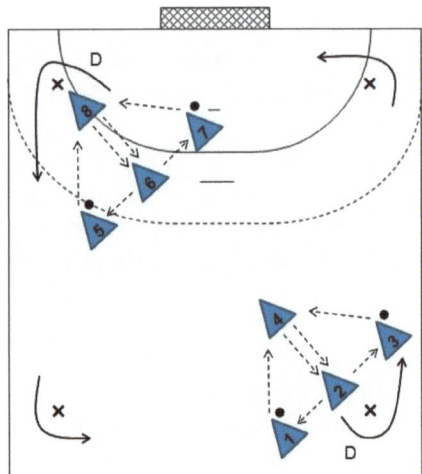

Gesamtablauf:
- Auf Kommando starten die vier Spieler jeder Mannschaft mit dem oben beschriebenen Ablauf.
- Diesen wiederholen die Spieler solange, bis der Trainer pfeift (nach ca. 1 Minute).
- Beim Pfiff starten alle Spieler, umlaufen zuerst alle das eigene Hütchen (D), sprinten um die anderen drei Hütchen einmal außen herum, zurück zum eigenen Hütchen.
- Die Mannschaft, deren letzter Spieler zuletzt beim eigenen Hütchen ankommt, hat verloren und muss z.B. Liegestützen oder Sit-Ups machen.
- Danach tauschen die vier Spieler ihre Positionen und auf Kommando beginnt der Ablauf von vorne.

Jeder Spieler macht die Passfolge auf jeder Position (= viermal).

Zerlegter Ablauf mit Ball:

- 1, 2 und 4 spielen sich den Ball zu (A – B – C), dabei macht 4 einen schnellen Pass zu 2, der macht einen Seitpass mit der linken Hand (mit Bewegung zur Seite) zu 1. 1 stößt und passt in der Stoßbewegung zu 4 und zieht sich danach wieder zurück.

- Wenn 2 den Pass zu 1 macht, erfolgt der Pass (Bild unten) von 3 zu 4 und der Ablauf erfolgt wie oben beschrieben ebenfalls auf der rechten Seite.

- 4 und 2 müssen sehr schnell agieren, 1 und 3 bestimmen dabei das Tempo durch ihre Passgeschwindigkeit.

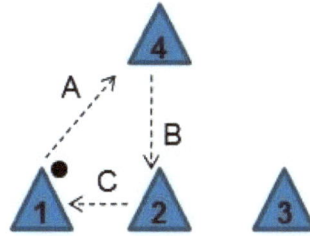

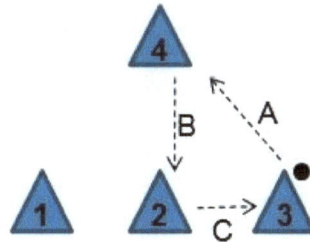

Nr. 45	Passfolge mit Wettkampf	8	★★
Benötigt:	2 dünne Turnmatten, 4 Hütchen		

Grundaufbau:

- Je ein Spieler jeder Gruppe (4 und 8) steht auf einer dünnen Turnmatte.

Ablauf:

- 1 stößt mit Ball an (A) und passt zu 5 in die Gegengruppe (B).

- Nach dem Pass läuft 1 zu 4 auf die Matte und klatscht ihn ab. Das ist das Signal für 4, die Matte zu verlassen und sich hinter 3 einzureihen (D).

- Die Gegengruppe macht den gleichen Ablauf, 5 passt wieder zurück (E) usw.

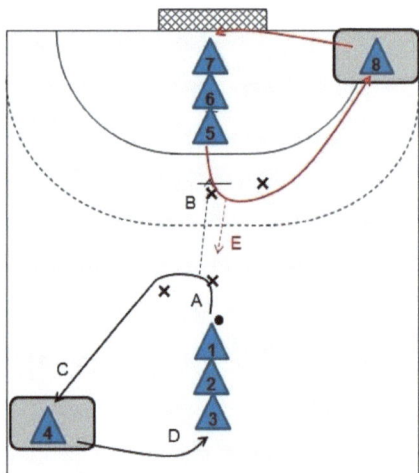

Variationen:

- Auf der dünnen Turnmatte steht in der Grundstellung kein Spieler. 1 macht nach seinem Pass (B) auf der Matte z.B. 3 Sit-Ups/Liegestützen und stellt sich danach wieder an (D).

Wettkampf:

- Wenn ein Spieler den Ball nicht fängt, muss die gesamte Gruppe z.B. 5 Sit-Ups/Liegestützen machen. Allerdings darauf achten, dass der Ball auch fangbar ist!

- Wenn es einer Mannschaft gelingt, der Gegengruppe den Ball so zu spielen, dass sie noch auf der Matte ist, muss sie ebenfalls Sit-Ups/Liegestützen machen (hohe Geschwindigkeit).

handball-uebungen.de
Trainingseinheiten und Übungen für Ihr Training!

Nr. 46	Passen und Fangen in der schnellen Seitwärtsbewegung	2	★★
Benötigt:	3 Bälle je 2 Spieler		

Grundstellung (oberes Bild rechts):

- △1 mit (I) und △2 ohne Ball.
- Zwei weitere Bälle (II und III), ca.
  3 Meter neben △1 und △2 auf
  den Boden legen.

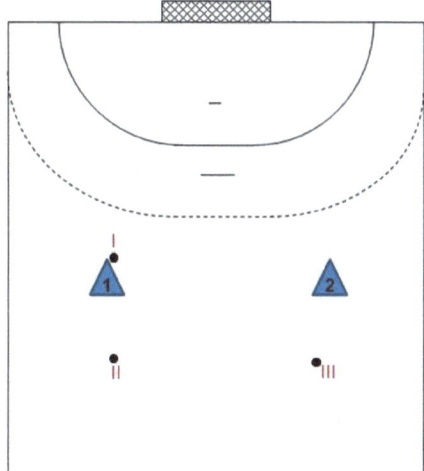

Ablauf (zweites Bild):

- △1 passt (A) △2 den Ball (I).
- △2 legt den Ball (I) auf den Boden
  (B) und läuft mit schnellen
  Sidestep- Bewegungen zum
  anderen Ball (III) und nimmt ihn
  auf (C).
- △2 passt den Ball (III) zu △1 (D).
- △1 legt den Ball (III) auf den
  Boden (E) und läuft mit schnellen
  Sidestep- Bewegungen zum
  anderen Ball (II) und nimmt diesen
  auf (F).
- △1 passt den Ball (II) zu △2 (G).
- △2 legt den Ball (II) auf den
  Boden (H) und läuft mit schnellen
  Sidestep- Bewegungen zum
  anderen Ball (I) und nimmt diesen
  auf (J).
- △2 passt den Ball (I) zu △1 (K).
- Usw.

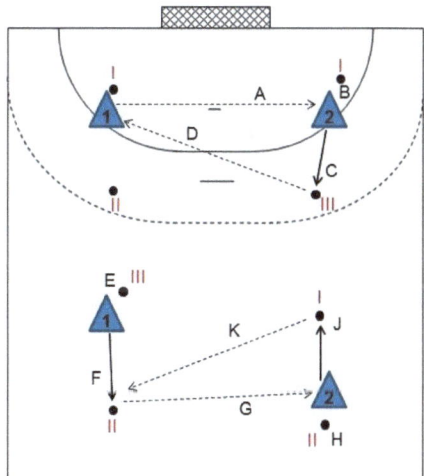

Variation:

- Die seitliche Laufbewegung variieren (z.B. Hampelmannbewegungen, rückwärts laufen...).

Nr. 47	Stoßen und Passen mit Zusatzlaufübung	10	★★
Benötigt:	1 Ball, 4 Hütchen		

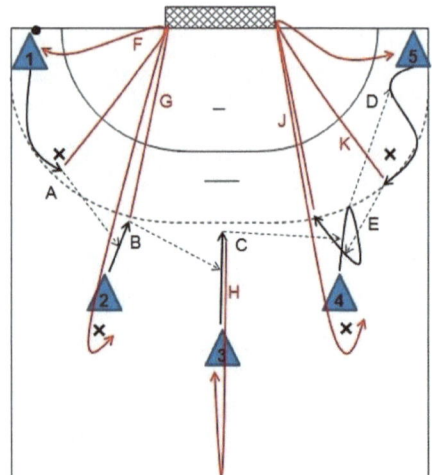

Grundablauf:

- Zwei Mannschaften zu je fünf Spielern bilden.
- Es wird die Zeit gemessen, die die beiden Mannschaften jeweils für zwei Durchläufe brauchen (△1 bis △5 und zurück zu △1 dann startet der zweite Durchgang).

Ablauf:

- △1 stößt mit Ball im Bogen um das Hütchen an und passt △2 den Ball in die Stoßbewegung (A).

- △2 stößt mit Ball dynamisch nach vorne und passt △3 den Ball in die Stoßbewegung (B).

- △3 stößt mit Ball dynamisch nach vorne und passt △4 den Ball in die Stoßbewegung (C).

- △4 stößt leicht nach rechts und passt △5 den Ball in die Bewegung Richtung Tor (D).

- △5 stößt im Bogen dynamisch um das Hütchen und passt △4 den Ball in seine Gegenstoßbewegung (E), usw.

Ablauf nach dem Pass:

- △1 muss beim Stoßen um das Hütchen laufen, danach Sprint zum Tor, den Torpfosten berühren und zurück zur Ausgangsposition (F).

- Wenn △2 und △4 den Ball von den Außenspielern (△1 und △5) bekommen, sprinten sie, nachdem sie den Ball zu △3 gepasst haben zum Tor, berühren den Torpfosten und umlaufen das hintere Hütchen (G und K).

  ⚠ Wenn der Ball von △3 kommt, halten △2 und △4 die Position.

- △3 sprintet immer, nachdem er den Ball gepasst hat (zu △2 oder zu △4) zur Mittellinie und zurück auf die Ausgangsposition (H).

⚠ Darauf achten, dass die Laufbewegungen beim Stoßen korrekt ausgeführt werden.

⚠ Den Standort der Hütchen dem Leistungsniveau anpassen.

Nr. 48	Passen mit Abwehrzusatzaufgabe	10	★★
Benötigt:	1 Ball		

Grundaufbau:

- Die Angreifer bilden einen Kreis mit einem Durchmesser von ca. 6-7 Metern, um den Mittelspieler und die Abwehrspieler.
- Die Angreifer und der in der Mitte stehende Spieler dürfen ihre Position nicht verändern.
- Die Angreifer dürfen beim Passen keine Position auslassen, es muss immer von Position zu Position gepasst werden.

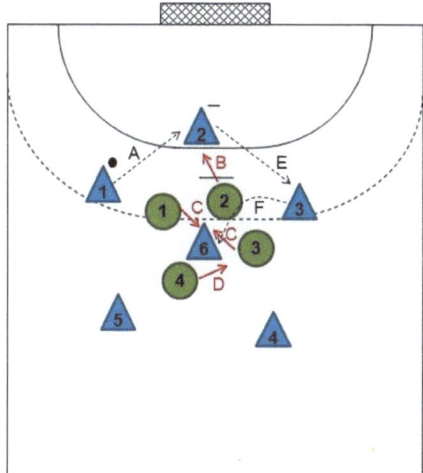

Ablauf:

- Die Angreifer passen sich den Ball zu Beginn links herum.
- 1 passt den Ball zu 2 (A).
- Ein Abwehrspieler (hier 2) muss deutlich auf den Ballhalter heraustreten (B).
- 1 und 3 sollen ein Anspiel zu 6 durch Zustellen des Passweges verhindern (C).
- 4 soll seine Position hinter 6, für die nächsten Aktionen der Angreifer „optimieren" (D).
- Die Angreifer dürfen durch schnelles Passspiel (E) versuchen, 6 in der Mitte anzuspielen (F).

Erweiterung:

- Nach einer Weile den Rückpass erlauben, es darf aber weiterhin nur von Position zu Position oder zurück gepasst werden, es darf kein Spieler ausgelassen werden.

Wettkampf:

- Die Angreifer haben 1 Minute Zeit den Spieler in der Mitte anzuspielen, gelingt das, müssen die Abwehrspieler eine Aufgabe absolvieren (z.B. einen Handstand machen). Gelingt das Anspiel nicht, müssen die Angreifer sie Aufgabe erfüllen.

⚠ Auf deutliches Heraustreten der Abwehrspieler zum Ballhalter achten. Die Spieler sollen so lange wie möglich durch schnelles Raustreten und Zustellen zu 6 den Pass verhindern.

Nr. 49	Pass-/Laufkontinuum Stoßen mit Kontereinleitung	8	★★
Benötigt:	jeder Spieler einen Ball, 5 Hütchen		

Ablauf:

- 1 spielt 1 den Ball und bekommt ihn in den Lauf zurück gepasst.

- 1 macht eine dynamische Lauftäuschung nach links und prellt dann nach rechts um den Abwehrspieler herum (A).

- 1 macht die Täuschbewegung mit und erschwert 1 das wegprellen nach rechts (A).

- 1 passt den Ball zum T1 (B) und wird danach zum neuen Abwehrspieler.

- 1 startet in den Konter, umläuft die beiden Hütchen und bekommt von T1 den Ball in den Lauf gespielt (C).

- 1 passt den Ball zu T2 (D), umläuft das Hütchen und bekommt den Ball wieder zurück gespielt (E).

- 1 stellt sich mit Ball wieder an.

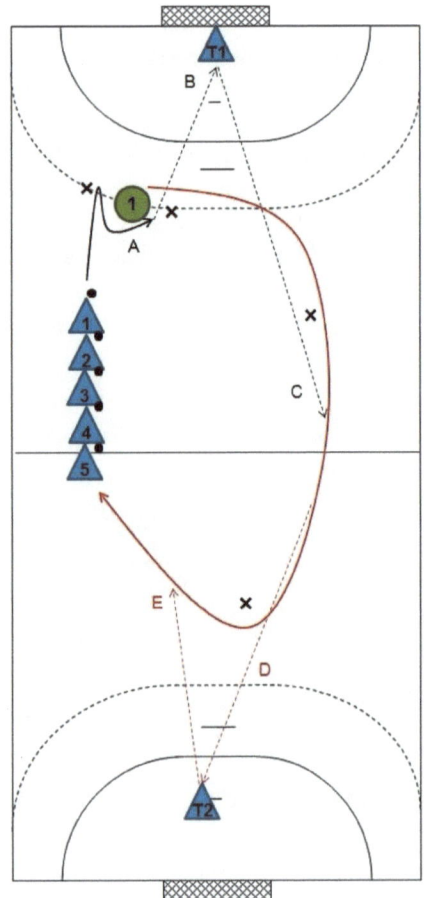

⚠ In der Abwehrbewegung soll zuerst mit geringem Wiederstand agiert werden. Mit der Zeit aber immer intensiver vorgehen.

Variation:

- Pässe aus dem Sprungwurf heraus.

Nr. 50	Pass-/Laufkontinuum mit Gegengruppe	8	★★★
Benötigt:	2 Bälle, 4 Hütchen für die Startpositionen		

Ablauf:

- Hinter jedem Hütchen stehen zwei Spieler.
- 1 und 2 starten gleichzeitig mit 3 und 4.
- Jeweils zwei Pässe parallel im Lauf (A + B), danach Pass (C) in die Gegengruppe, die seitlich etwas versetzt läuft (Reisverschlusssystem), so dass eine Verzahnung entsteht.
- Drei weitere Pässe (D, E und F), bis der Ball wieder am Ausgangspunkt ist.
- Warten, bis die andere Gruppe auch bereit ist, dann wiederholt sich der Ablauf.

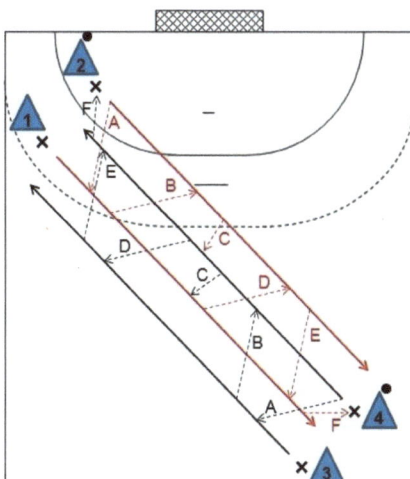

Anmerkung:

- Hohe Anforderung an die Konzentration, da zuerst einem Mitlaufenden und dann einem Entgegenlaufenden der Ball gepasst wird. Timing beim Pass in die Gegengruppe muss stimmen.

Variationen:

- Geschwindigkeit steigern.
- Bodenpass.

Nr. 51	Pass-/Laufkontinuum im Viereck 2	8	★★★
Benötigt:	2 Bälle, 2 Hütchen in der Mitte, 4 Hütchen für die Spielfeldmarkierung		

Ablauf:

- ▲1 läuft ohne Ball im Bogen los und bekommt den Ball von ▲2 gespielt (A).

- ▲1 spielt (B) zu ▲3 und stellt sich dort in der Gruppe an.

- Nachdem ▲2 den Ball zu ▲1 gespielt hat, startet ▲2 und läuft einen Bogen, bekommt den Ball von ▲3 gespielt (C), passt (D) zu ▲4 und stellt sich dort wieder an.

- Dann startet ▲3, bekommt den Ball von ▲4, spielt zu ▲5 und stellt sich dort an usw.

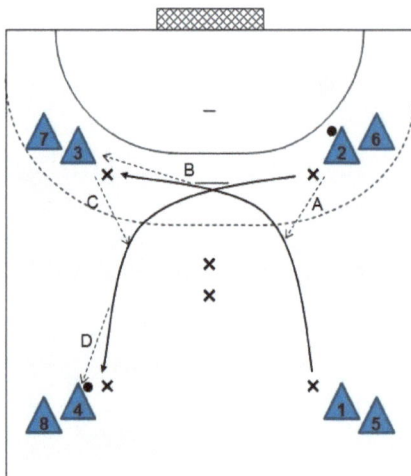

Variation:

- Mit zwei Bällen, ▲2 und ▲4 haben je einen Ball und starten gleichzeitig (Hohe Anforderung an die Konzentration!).

⚠ Die Übung soll das schnelle Passen während der Kontersituation simulieren:
- Schnelles und dynamisches Anlaufen und den Ball in den Lauf passen.
- Geschwindigkeit immer mehr steigern.

handball-uebungen.de
Trainingseinheiten und Übungen für Ihr Training!

Nr. 52	Zweimaliges Stoßen hintereinander	7	★★★
Benötigt:	2 Bälle		

Ablauf vorne:

- ▲1 stößt dynamisch mit Ball nach vorne und spielt (A) ▲2 den Ball in den Lauf.
- ▲3 stößt nach und bekommt von ▲2 den Ball usw.

Ablauf hinten:

- Nachdem ▲1 den Ball vorne gespielt hat, lässt er sich nach hinten innen zurück fallen und bekommt vom Trainer den 2. Ball gespielt (B).
- ▲1 stößt nun erneut dynamisch nach vorne.
- ▲2 hat sich ebenfalls nach seinem Pass vorne zurück fallen lassen und bekommt von ▲1 den Ball in die Stoßbewegung gespielt (C).
- Beide laufen nach dem Pass zur Gegengruppe und stellen sich dort wieder an.
- Usw.

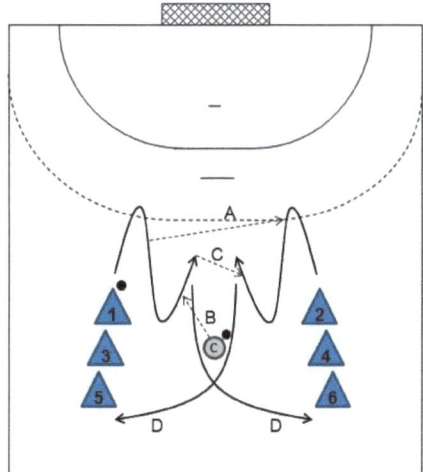

Variationen:

- Sprungwurfpass vorne (beim ersten Pass).

Nr. 53	Passkreisel im Dreieck	9	★★★
Benötigt:	3 Bälle		

Grundablauf:

- Immer drei Spieler machen mit Ball den Ablauf gleichzeitig (1, 2 und 3 - 4, 5 und 6 - 7, 8 und 9).

Ablauf:

- 1, 2 und 3 stoßen alle drei gleichzeitig an und spielen den Ball in die Gruppe rechts daneben (A) und stellen sich am Ende dieser Gruppe wieder an (B).

- 1 passt zu 6 (C), 2 passt zu 4 und 3 passt zu 5.

- 6 macht davor eine dynamische Lauftäuschung nach links, bekommt dort den Ball gespielt (C) und prellt dynamisch nach rechts vorne und spielt den Ball in die Gruppe rechts von ihm zu 8 (Bild 2).

- 8 hat zuvor ebenfalls die Lauftäuschung Richtung Passgeber (6) gemacht und spielt nach dem Wegprellen den Ball zu 2.

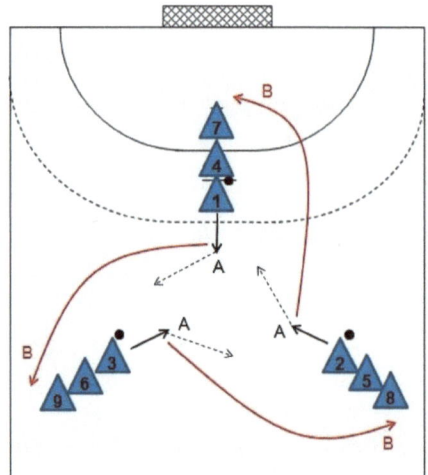

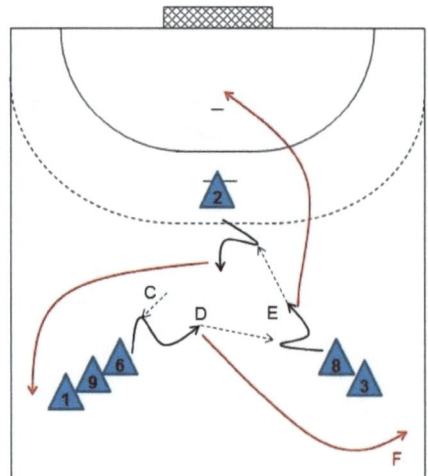

- Usw.

Nr. 54	Passen plus Laufübung 3	12	★★★
Benötigt:	12 Hütchen, 1 Ball		

Ablauf innerhalb der inneren Gruppe (▲1, ▲7 ... und ▲2, ▲8 ...):

- ▲1 stößt dynamisch nach vorne und passt (A) den Ball in die Stoßbewegung (B) von ▲2.
- ▲2 passt aus dem Stoßen heraus zu ▲7 usw.

Ablauf nach dem Stoßen:

- ▲1 läuft in der Seitwärtsbewegung links nach außen (C) und sprintet Richtung ▲4.
- ▲4 spielt ▲1 in den vollen Lauf (D) und sprintet danach sofort um das Hütchen und stellt sich an der Gruppe hinten an (G).
- ▲1 spielt aus dem vollen Lauf den Ball zurück in die Ecke zu ▲5 (E) und stellt sich dahinter an (F).
- Der Ablauf wiederholt sich dann auf beiden Seiten.

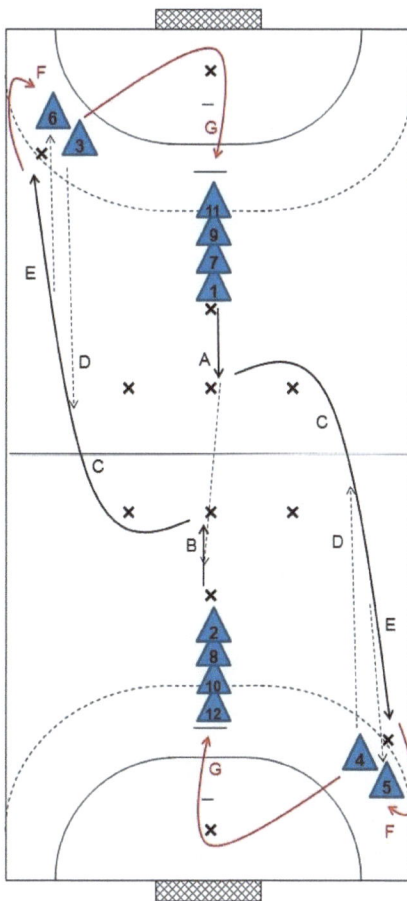

⚠ Die Spieler sollen das Stoßen und Passen (A und B) so timen, dass die Aktion immer in der vollen Bewegung absolviert wird (kein Stehen beim Pass zur Gegengruppe).

⚠ Die Pässe D und E müssen mit einer hohen Präzision gespielt werden.

Variationen:

- Laufrichtung anders herum.

Nr. 55	Passen plus Laufübung 4	12	★★★
Benötigt:	14 Hütchen, 1 Ball		

Ablauf innerhalb der inneren Gruppe

(1, 7 ... und 2, 8 ...):

- 1 stößt dynamisch nach vorne und passt (A) den Ball in die Stoßbewegung (B) von 2.

- 2 passt aus dem Stoßen heraus zu 7 usw.

Ablauf nach dem Stoßen:

- 1 läuft in der Seitwärtsbewegung links nach außen, sprintet um das hinteren Hütchen (C) und dann Richtung 4.

- 4 spielt 1 in den vollen Lauf (D) und sprintet danach sofort um das Hütchen und stellt sich an der Gruppe hinten an (G).

- 1 spielt aus dem vollen Lauf den Ball zurück in die Ecke zu 5 (E) und stellt sich dahinter an (F).

- Der Ablauf wiederholt sich dann auf beiden Seiten.

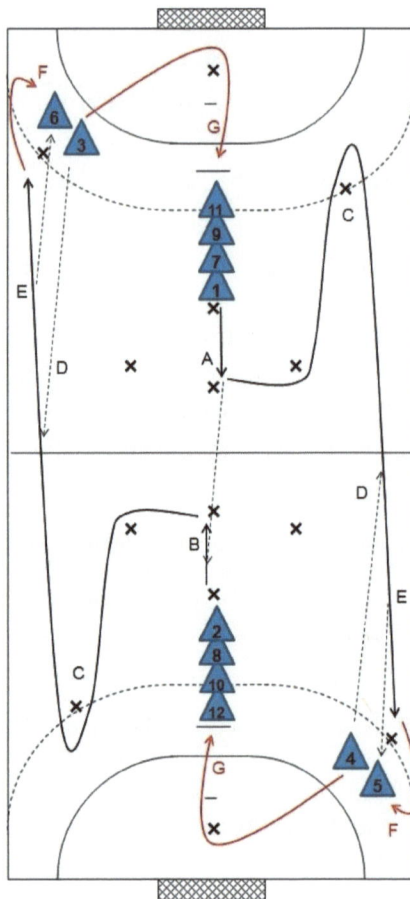

⚠ Die Spieler sollen das Stoßen und Passen (A und B) so timen, dass die Aktion immer in der vollen Bewegung absolviert wird (kein Stehen beim Pass zur Gegengruppe).

⚠ Die Pässe D und E müssen mit einer hohen Präzision gespielt werden.

⚠ Die Übung ist durch die vielen Laufwege sehr intensiv.

Variationen:

- Laufrichtung anders herum.

Nr. 56	Passkontinuum mit Purzelbaum	8 (12)	★ ★ ★
Benötigt:	8 Hütchen, 4 dünne Turnmatten, 1 Ball		

Ablauf:

- **3** startet dynamisch (A) im Bogen und bekommt von **4** den Ball in den Lauf gespielt (B).

- **3** passt aus dem Lauf zu **1** (C).

- **4** startet dynamisch im Bogen (D) und bekommt von **1** den Ball in den Lauf gespielt (F).

- **3** macht nach seinem Pass zu **1** (C) einen Purzelbaum auf der dünnen Turnmatte und stellt sich danach wieder an (E).

- **4** passt aus dem Lauf zu **2** (G).

- Nach dem Pass macht **4** einen Purzelbaum auf der Matte (J) und stellt sich wieder an.

- **1** startet dynamisch im Bogen (H) und bekommt von **2** den Ball in den Lauf gespielt (K) und passt ihn weiter zu **7** (L).

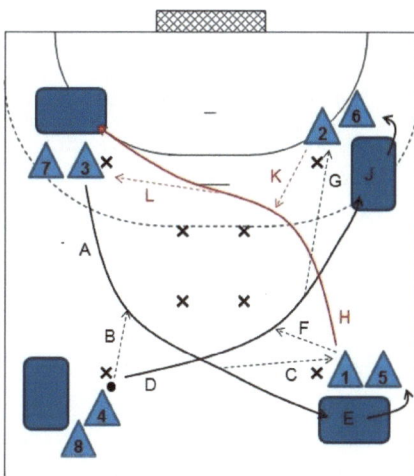

- Usw.

Variation:

- Bei drei Spielern je Gruppe wird ein zweiter Ball ins Spiel gebracht. **2** und **4** haben je einen Ball und **3** und **1** starten gleichzeitig mit dem Ablauf.

⚠ Die Spieler sollen dynamisch mit vollem Tempo den Pass- und Laufweg absolvieren.

⚠ Erst starten, wenn der Passgeber den Ball hat.

Nr. 57	Passkreisel im Dreieck mit Abwehrspieler	9	★★★
Benötigt:	3 Bälle		

Grundablauf:

- Immer drei Spieler machen mit Ball den Ablauf gleichzeitig (**1**, **2** und **3** - **4**, **5** und **6**).

Ablauf:

- **1**, **2** und **3** stoßen alle drei gleichzeitig an, versuchen mit einer Lauf- und/oder Passtäuschung (A) den Ball vorbei an **1**, **2** und **3** zu **4**, **5** und **6** zu spielen (B) und stellen sich am Ende dieser Gruppe wieder an (D).

- **1**, **2** und **3** versuchen durch schnelle Bein- und Armarbeit, den Pass zu verhindern.

- Danach starten **4**, **5** und **6** gleichzeitig mit ihrer Aktion.

- Usw.

⚠ Die Abwehrspieler sollen erst halbaktiv agieren. Bei zunehmender Übungsdauer aber immer intensiver versuchen, den Ball zu erkämpfen.

Wettkampf:

- Welcher 3er Gruppe gelingt es in 30 Sekunden (oder 15 Pässen), die meisten Fehler zu provozieren.

Nr. 58	Passkontinuum im Angriff mit Kreuzbewegung RM / Außen plus Pässe für die Torhüter	12	★★★
Benötigt:	1 Ball		

Aufbau:

- Nach Möglichkeit jede Position mit zwei Spielern besetzen.

Ablauf:

- ▲1 stößt von außen an und passt ▲2 den Ball in die Stoßbewegung (A).

- ▲2 passt ▲3 den Ball in den Lauf (B), der dynamisch nach außen läuft.

- ▲5 nimmt die Kreuzbewegung von ▲3 an und bekommt den Ball in den Lauf gespielt (C).

- ▲4 läuft im Bogen auf die Mitte, bekommt den Ball in den Lauf gespielt (D) und passt T1 den Ball im Sprungwurf zu (E).

- Nach der Aktion stellen sich die Spieler auf der „nächsten" Position wieder an (F).

- Kurz bevor T1 den Ball von ▲4 gepasst bekommt (E), verändert T2 auf Höhe der Mittellinie seine Position (G).

- T1 passt den Ball zu T2 (H).

- T2 passt den Ball dann auf die Außenseite und der Ablauf

wiederholt sich auf die andere Seite mit der Kreuzbewegung von ▲4 und ▲1

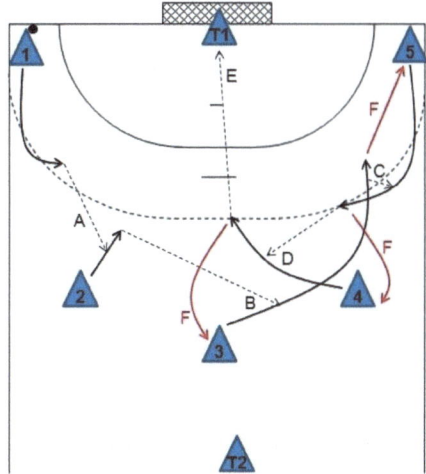

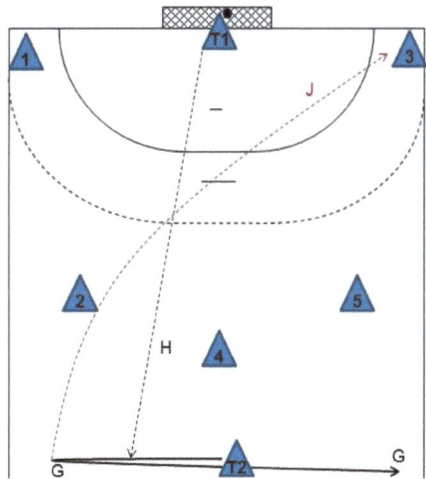

- Usw.

⚠ Die Spieler sollen im Laufe der Übung die Passgeschwindigkeit immer weiter steigern.

Nr. 59	Komplexe Passübung mit Stoßen- und Gegenstoßen	8	★★★
Benötigt:	1 Ball je 4er Gruppe		

Aufbau:

- Die Spieler sollen jeweils mittig zwischen den Hütchen stehend starten (siehe Bild).

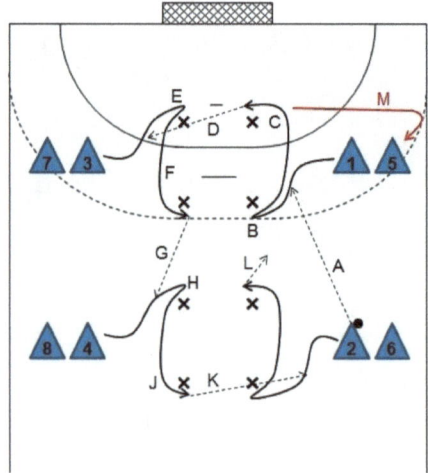

Ablauf:

- **2** spielt **1** den Auftaktpass in die Bewegung (A).

- **1** soll dabei zuerst einen Schritt geradeaus machen, bekommt den Ball in den Lauf gespielt (A) und stößt innerhalb der 3-Schrittregel ohne zu prellen neben das Hütchen (B).

- Nach der Stoßbewegung prellt **1** dynamisch nach rechts, umprellt das zweite Hütchen (C), stößt neben das Hütchen und passt **3** den Ball in seine Stoßbewegung neben das Hütchen (D).

- **3** soll dabei zuerst einen Schritt geradeaus machen, bekommt den Ball in den Lauf gespielt (D) und stößt innerhalb der 3-Schrittregel ohne zu prellen neben das Hütchen (E).

- Nach der Stoßbewegung prellt **3** dynamisch nach rechts, umprellt das zweite Hütchen (F), stößt neben das Hütchen und passt **4** den Ball in seine Stoßbewegung neben das Hütchen (G).

- **4** soll dabei zuerst einen Schritt geradeaus machen, bekommt den Ball in den Lauf gespielt (G) und stößt innerhalb der 3-Schrittregel ohne zu prellen neben das Hütchen (H).

- Nach der Stoßbewegung prellt **4** dynamisch nach rechts, umprellt das zweite Hütchen (J), stößt neben das Hütchen und passt **2** den Ball in seine Stoßbewegung (K), danach wiederholt sich der Ablauf mit dem Pass zu **5** (L).

- Nach der Aktion stellen sich die Spieler jeweils wieder hinten an (M).

⚠ Die Spieler sollen die Stoß- und prellende „Weglaufaktion" (B und C) in höchster Dynamik durchführen.

Nr. 60	Passübung mit begleitender Abwehrarbeit gegen einen Einläufer	5	★★★
Benötigt:	4 Hütchen, 1 Ball		

Ablauf:

- ▲1 bringt den Ball ins Spiel und passt zu ▲2 (A).

- ●1 begleitet den Pass (B) und tritt ▲2 deutlich entgegen (C).

- ▲2 passt den Ball weiter zu ▲4 (D) und läuft nach dem Pass zum Hütchen in der Mitte (E).

- ●1 begleitet ▲2 (F) und schirmt ihn gegen einen Pass von ▲4 ab.

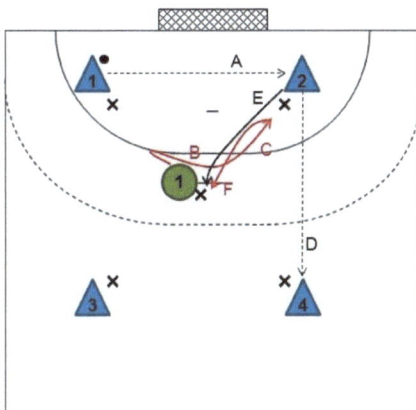

- ▲4 passt den Ball zu ▲3 (G).

- ▲2 läuft wieder nach außen zu seinem Hütchen (H).

- ●1 begleitet den Ball und tritt dabei leicht auf ▲3 heraus (K).

- ▲3 passt den Ball weiter zu ▲1 (J).

- ●1 tritt deutlich ▲1 entgegen (L).

- ▲1 passt den Ball weiter zu ▲2 (M) und läuft nach dem Pass zum Hütchen in der Mitte (N).

- ●1 begleitet ▲1 (O) und schirmt ihn gegen einen Pass von ▲2 ab.

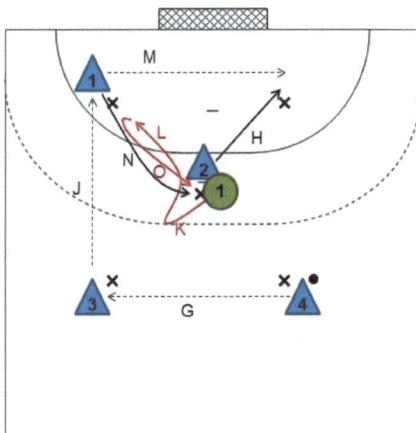

- Der Ball wird dann weiter über ▲4 zu ▲3 gepasst (P).

- ▲1 läuft wieder nach außen zu seinem Hütchen (Q).

- ●1 tritt deutlich ▲3 entgegen (R).

- ▲3 passt den Ball weiter zu ▲1 und läuft nach dem Pass zum Hütchen in der Mitte (S).

- Der Ablauf wiederholt sich wie beschrieben, bis ●1 bei jedem Angreifer zwei Aktionen absolviert hat (insgesamt acht Aktionen).

⚠️ ●1 soll dem einlaufenden Angreifer deutlich entgegen treten und ihn jeweils bis zum Hütchen begleiten und abschirmen.

Über den Autor

JÖRG MADINGER, geboren 1970 in Heidelberg

Juli 2014 (Weiterbildung): 3-tägiger DHB Trainerworkshop
"Grundbausteine Torwartschule"
Referenten: Michael Neuhaus, Renate Schubert, Marco Stange,
Norbert Potthoff, Olaf Gritz, Andreas Thiel, Henning Fritz

Mai 2014 (Weiterbildung): 3-tägige DHTV/DHB Trainerfortbildung im Rahmen des VELUX EHF FinalFour
Referenten: Jochen Beppler (DHB Trainer), Christian vom Dorff (DHB Schiri), Mark Dragunski (Trainer TuSeM Essen), Klaus-Dieter Petersen (DHB Trainer), Manolo Cadenas (Nationaltrainer Spanien)

Mai 2013 (Weiterbildung): 3-tägige DHTV/DHB Trainerfortbildung im Rahmen des VELUX EHF FinalFour
Referenten: Prof. Dr. Carmen Borggrefe (Uni Stuttgart), Klaus-Dieter Petersen (DHB Trainer), Dr. Georg Froese (Sportpsychologe), Jochen Beppler (DHB Stützpunkttrainer), Carsten Alisch (Nachwuchstrainer Hockey)

seit Juli 2012: Inhaber der DHB A-Lizenz

seit Februar 2011: Vereinsschulungen, Coaching im Trainings- und Wettkampfbetrieb

November 2011: Gründung Handball Fachverlag (handall-uebungen.de, Handball Praxis und Handball Praxis Spezial)

Mai 2009: Gründung der Handball-Plattform handball-uebungen.de

2008-2010: Jugendkoordinator und Jugendtrainer bei der SG Leutershausen

seit 2006: B-Lizenz Trainer

Anmerkung des Autors
1995 überredete mich ein Freund, mit ihm zusammen das Handballtraining einer männlichen D- Jugend zu übernehmen.

Dies war der Beginn meiner Trainertätigkeit. Daraufhin fand ich Gefallen an den Aufgaben eines Trainers und stellte stets hohe Anforderungen an die Art meiner Übungen. Bald reichte mir das Standardrepertoire nicht mehr aus und ich begann, Übungen zu modifizieren und mir eigene Übungen zu überlegen.

Heute trainiere ich mehrere Jugend- und Aktivmannschaften in einem breit gefächerten Leistungsspektrum und richte meine Trainingseinheiten gezielt auf die jeweilige Mannschaft aus.

Seit einigen Jahren vertreibe ich die Übungen über meinen Onlineshop handball-uebungen.de. Da die Tendenz im Handballtraining, vor allem im Jugendbereich, immer mehr in Richtung einer allgemeinen sportlichen Ausbildung mit koordinativen Schwerpunkten geht, eignen sich viele Spiele und Spielformen auch für andere Sportarten.

Lassen Sie sich inspirieren von den verschiedenen Spielideen und bringen Sie auch Ihre eigene Kreativität und Erfahrung ein!

Ihr

Jörg Madinger

Weitere Fachbücher des Verlags DV Concept

Von A wie Aufwärmen bis Z wie Zielspiel – 75 Übungsformen für jedes Handballtraining

Ein abwechslungsreiches Training erhöht die Motivation und bietet immer wieder neue Anreize, bekannte Bewegungsabläufe zu verbessern und zu präzisieren. In diesem Buch finden Sie Übungen zu allen Bereichen des Handballtrainings vom Aufwärmen über Torhüter einwerfen bis hin zu gängigen Inhalten des Hauptteils und Spielen zum Abschluss, die Sie in ihrem täglichen Training mit Ihrer Handballmannschaft inspirieren sollen. Alle Übungen sind bebildert und in der Ausführung leicht verständlich beschrieben. Spezielle Hinweise erläutern, worauf Sie achten müssen.

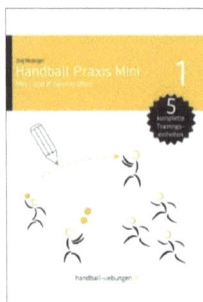

Mini- und Kinderhandball (5 Trainingseinheiten)

Mini- bzw. Kinderhandball unterscheidet sich grundlegend vom Training höherer Altersklassen und erst recht vom Handball in Leistungsbereichen. Bei diesem ersten Kontakt mit der Sportart „Handball" sollen die Kinder an den Umgang mit dem Ball herangeführt werden. Es soll der Spaß an der Bewegung, am Sport treiben, am Spiel miteinander und auch am Wettkampf gegeneinander vermittelt werden.

Das vorliegende Buch führt zunächst kurz in das Thema und die Besonderheiten des Mini- und Kinderhandballs ein und zeigt dabei an einigen Beispielübungen Möglichkeiten auf, das Training interessant und abwechslungsreich zu gestalten.

Passen und Fangen in der Bewegung - 60 Übungsformen für jedes Handballtraining

Passen und Fangen sind zwei Grundtechniken im Handball, die im Training permanent trainiert und verbessert werden müssen. Die vorliegenden 60 praktischen Übungen bieten viele Varianten, um das Passen und Fangen anspruchsvoll und abwechslungsreich zu trainieren. Ein besonderer Fokus liegt dabei darauf, die Sicherheit beim Passen und Fangen auch in der Bewegung mit hoher Dynamik zu verbessern. Deshalb werden die Übungen mit immer neuen Laufwegen und spielnahen Bewegungen gekoppelt.

Effektives Einwerfen der Torhüter - 60 Übungsformen für jedes Handballtraining

Das Einwerfen der Torhüter ist in nahezu jedem Training notwendiger Bestandteil. Die vorliegenden 60 Übungen zum Einwerfen bieten hier verschiedene Ideen, um das Einwerfen sowohl für Torhüter als auch für die Feldspieler anspruchsvoll und abwechslungsreich zu gestalten. Ein besonderer Fokus liegt dabei darauf, schon beim Einwerfen die Dynamik der Spieler zu verbessern.

Wettkampfspiele für das tägliche Handballtraining - 60 Übungsformen für jede Altersstufe

Handball lebt von schnellen und richtig getroffenen Entscheidungen in jeder Spielsituation. Dies kann im Training spielerisch und abwechslungsreich durch handballnahe Spiele trainiert werden. Die vorliegenden 60 Übungsformen sind in sieben Kategorien unterteilt und schulen die Spielfähigkeit.

Folgende Kategorie beinhaltet das Buch: Parteiball-Varianten, Mannschaftsspiele auf verschiedene Ziele, Fangspiele, Sprint- und Staffelspiele, Wurf- und Balltransportspiele, Sportartübergreifende Spiele, Komplexe Spielformen für das Abschlussspiel.

Abwechslungsreiches Wurftraining im Handball - 60 Übungsformen für jede Altersstufe

Der Wurf ist ein zentraler Baustein des Handballspiels, der durch regelmäßiges Training immer wieder erprobt und verbessert werden muss. Deshalb ist es immer wieder sinnvoll, Wurfserien im Training durchzuführen. Die vorliegende Übungssammlung bietet 60 verständliche, leicht nachzuvollziehende praktische Übungen zu diesem Thema, die in jedes Training integriert werden können.

Die Übungen sind in sechs Kategorien und drei Schwierigkeitsstufen unterteilt: Technik, Wurfübungen auf feste Ziele, Wurfserien mit Torwurf, Positionsspezifisches Wurftraining, Komplexe Wurfserien, Wurfwettkämpfe.

Taschenbücher aus der Reihe Handball Praxis

Handball Praxis 1 – Handballspezifische Ausdauer

Handball Praxis 2 – Grundbewegungen in der Abwehr

Handball Praxis 3 – Erarbeiten von Auslösehandlungen und Weiterspielmöglichkeiten

Handball Praxis 4 – Intensives Abwehrtraining im Handball

Handball Praxis 5 – Abwehrsysteme erfolgreich überwinden

Handball Praxis 6 – Grundlagentraining für E- und D- Jugendliche

Handball Praxis 7 – Handballspezifisches Ausdauertraining im Stadion und in der Halle

Handball Praxis 8 – Spielfähigkeit durch Training der Handlungsschnelligkeit

Handball Praxis 9 – Grundlagentraining im Angriff für die Altersstufe 9-12 Jahre

Handball Praxis Spezial 1 – Schritt für Schritt zur 3-2-1 Abwehr

Handball Praxis Spezial 2 – Schritt für Schritt zum erfolgreichen Angriffskonzept gegen eine 6-0 Abwehr

Weitere Handball Fachbücher und eBooks unter: www.handball-uebungen.de

www.ingramcontent.com/pod-product-compliance
Lightning Source LLC
Chambersburg PA
CBHW042129080426
42735CB00001B/18